삶의 전환기에 배우는 스토리텔링 마음 수업

외로우면 춤을 추라

삶의 전환기에 배우는 스토리텔링 마음 수업

외로우면 춤을 추라

박성만

"당신에게 일어나는 삶의 조각을 기꺼이 수용하라.
버릴 건 하나도 없다. 삶이 당신을 살게 한다."

밥북

프롤로그

사람의 내면에는 동굴이 있다. 정신 에너지는 동굴 안으로 들어가 나를 돌아보게 하고, 동굴 밖으로 나와 나를 사회에 적응시킨다. 필자는 지난 20여 년 정신분석 심리 상담을 해오며, 각자의 캄캄하고 습한 동굴에서 고통스러워하는 분들을 만났다. 그들은 한결같이 빨리 동굴에서 탈출하기를 원했다. 그런데 필자가 발견한 것은 동굴은 사람을 그냥 내보내지 않는다는 것이다.

동굴 안에 있는 사람이 알아야 할 네 가지가 있다. 첫째, 자신이 지금 동굴에 있음을 인정하는 것이다. 조급해하지 말라. 둘째, 동굴은 누구나 피할 수 없는 통과의례이다. 동굴을 탐험하라. 셋째, 동굴은 깊이 들어갈수록 따라오는 고통만큼 건질 것도 많다. 고통이 곧 인생 수업이다. 넷째, 마침내 발견하는 것은 동굴 안과 밖은 둘이 아니라 하나로 이어져 있다는 사실이다. 거기서 당신 앞에 펼쳐진 세상은 밝은 빛으로 빛날 것이다. 이것이 머리로는 쉽지만, 어디 쉬운가? 필자는 동굴 안과 밖을 잇는 징검다리를 만드는 심정으로 이 글을 썼다.

요즘 사회 저변에서 마음공부가 유행하고 있다. 그들이 읽는 책은 주로 특정 종교에 귀속되지 않은 영성, 또는 초월 심리에 관한 것이다. 여기에는 삶을 보는 공통 관점이 있다.

"당신에게 일어나는 삶의 조각을 기꺼이 수용하라. 버릴 건 하나도 없다. 삶이 당신을 살게 한다."

자아의 집착을 버리고 더 큰 삶의 흐름에 자신을 맡기라는 뜻이다. 능동적일 때에는 외적 성취를 하고, 수동적일 때는 내적 성장을 한다. 삶은 후반으로 갈수록 내적 성장의 동기가 더 커진다. 이 글은 삶을 대하는 내적 태도를 바꾸려는 이들을 위해 정신분석학, 이야기 심리학, 임상적 관점을 동원해 썼다.

앞서간 역사에 먼저 그 길을 걸어간 사람은 무수히 많다. 그러나 걸어간 사람은 있어도, 어떻게 걸을 수 있는지 그 오솔길에 대한 자세한 설명은 미흡하다. 선문답은 선승에게는 유익하지만 일반인에게는 불친절하다. 필자는 할 수 있는 한 그 길에 등불을 밝혀 그 길을 걷는 이들에게 이정표를 제시하려 한다. 그동안 이 길을 함께 개척함으로써, 필자가 이 글을 쓸 수 있도록 도와주신 분들께 감사드린다. 이 글은 등불이다. 각자가 걸어야 한다. 이 책은 각 꼭지 끝에 핵심사항을 '심리분석 노트'로 정리하여 내적 성장의 중요한 이정표를 제시하고 있다.

여기에 실린 이야기들은 사실에 기초했으나, 필자의 상상력으로 각색됐음을 밝힌다. 필자는 이 글이 독자의 마음에 더 가까이 다가가도록, 일인칭 화법으로 서술했다. 독자는 다양한 이야기에 자신이 주인공 되는 간접 경험을 할 것이다.

각 장은 여덟 개의 꼭지로 구성됐다. 4는 완전 숫자이다. 8이란 숫자가 작위적인 면이 있기는 하지만 사람은 오르락내리락을 각각 네 번씩, 여덟 문을 통과하면 의식 혁명이 크게 한번 일어난다는 주관적 관점에 따라 여덟 꼭지로 맞췄다. 본문에 나오는 '절친 P'는 각자 인격의 중심인 위대한 자(Great man), 참된 자기(Self), 내 안의 신성, 또는 화자의 심리분석가로 놓고 읽을 수 있다.

2025년 봄
분당, 가나심리치료연구소에서
박성만

차 례

프롤로그 _ 4

1장 | 연꽃은 진흙을 먹고 꽃을 핀다

1. 오늘도 내 그림은 습작이 되고 말았다 14
2. 외로우면 그림을 그려라 17
3. 예술은 사람의 마음을 읽어줘야 한다 20
4. 내가 원하는 것을 자식도 원하기를 바라나? 24
5. 시간의 목적은 인간 성장에 있다 28
6. 일탈의 때가 왔다 32
7. 연꽃은 진흙에 뿌리를 내린다 36
8. 하늘은 스스로 대패질하는 사람을 돕는다 40

2장 | 여자의 눈물은 남성의 감성을 자극한다

1. 너 심리상담 한번 받아봐라 44
2. 낯선 남자에 대한 호기심 46
3. 여자의 눈물은 남성의 감성을 자극한다 49
4. 중년의 여성 안에는 소녀도 있었다 51
5. 다 내 외로움이고 내 슬픔이다 53
6. 나는 남편의 여자였지만, 남편은 나의 남자가 아니었다 55
7. 남편은 정말 나만 사랑했을까? 57
8. 행복도 불행도, 사랑도 미움도 다 '어느 정도'만이다 60

3장 | 당당히 하고 싶은 말을 하라

1. 나도 하고 싶은 말이 있다 64
2. 갈팡질팡 경계선에 서 있는 나 67
3. 가지 않은 길은 누구나 초보자다 69
4. 나는 강단 있는 사람이 되고 싶었다 72
5. 너는 부모 역할을 제대로 하고 있니 77
6. 안 보이던 것이 보인다 79
7. 그래도 삶은 계속된다 82
8. 당당히 할 말을 하다 83

4장 | 너무 애쓰며 살지 말자

1. 나는 원래 그런 사람이다 88
2. 세상은 원래 그런 곳이다 92
3. 아들에게서 나를 보다 95
4. 아버지의 말씀은 신탁이었다 98
5. 엄마는 아버지로부터 해방됐으나 내 엄마는 아니었다 101
6. 너무 마음 쓰며 살지 마라 103
7. 드디어 동굴 밖으로 나왔다 106
8. 세상은 내가 생각한 대로 된다 110

5장 | 모든 사람의 마음은 공허로 연결돼 있다

1. 집착은 사랑보다 더 강하다 114
2. 나는 사랑이 아닌 집착을 하고 있었다 116
3. 내 안에는 외로운 소녀가 있었다 119
4. 사랑의 신화를 쓰는군요 122
5. 엄마는 아버지를, 아버지는 엄마를 내게서 빼앗아 갔다 124
6. 너무 일찍 경험한 공허는 성장통이다 127
7. 그의 넓은 가슴은 내 묵은 허전한 감정을 녹였다. 129
8. 가장 평범한 것이 가장 이상적이다 132

6장 | 자식은 떠나 보내려고 있는 것이다

1. 그래도 너는 나와 다르게 살아야 한다 138
2. 그래도 내 아들은 내 품을 떠나지 않을 것이다 140
3. 자식은 떠나보내려고 있는 것이다 143
4. 부모 삶의 정석은 자식 떼어내기다 146
5. 나이가 들수록 혼자가 되어라 149
6. 이것은 집착인가 희망인가? 151
7. 여보, 우리끼리만 행복하게 잘 살자 153
8. 무너질 것은 무너져야 재건한다 156

7장 | 너 외로움아, 춤을 춰라

1. 친구의 휴대폰이 꺼져있었다 160
2. 진정한 춤꾼은 춤의 오르가슴을 안다 162
3. 나의 춤에는 내 인생철학이 있다 166
4. 나에게 중요한 것은 인간성 하나이다 170
5. 춤은 인생의 높은 곳을 향해 한 발짝, 한 발짝 오르는 것이다 173
6. 칠갑산 정상에서 춤을 추다 176
7. 치악산 좋지, 아니 너와 함께해서 좋다 178
8. 죽음 이후에도 춤은 계속 춘다 181

8장 | 떠나는 사람은 떠나야 할 때를 안다

1. 아들의 제단 186
2. 내 슬픔은 사별한 아들을 위한 것인가, 나를 위한 것인가 189
3. 나는 슬퍼할 것이 아니라, 내 삶을 살아야 한다 192
4. 그 말이 영원한 이별이 될 줄이야 196
5. 존재하는 모든 것들은 소멸과 생성을 반복한다 199
6. 삶과 죽음은 하나다 203
7. 떠나는 사람은 떠나야 할 때를 안다 205
8. 드디어 아들을 놓아줬다 208

9장 | 너의 삶을 믿으면 삶이 너를 살게 한다

1. 너는 빛의 딸이다 212
2. 나는 빨리 철이 들었지만 성격은 참 독특했다 215
3. 너 미쳤니? 218
4. 시집이나 갈까 221
5. 어두운 현실은 몽롱한 꿈이 되었다 226
6. 너 자신 말고, 너의 삶을 믿어라 231
7. 강물은 흐를 곳을 정하지 않고 흐른다 236
8. 가장 수동적인 것이 가장 능동적이다 242

10장 | 나를 위해 눈물을 흘리는 사람이 있었다

1. 몸은 남자 마음은 여자 246
2. 나는 디즈니 애니메이션 〈겨울 왕국〉의 안나이고 엘사였다 249
3. 정신병은 살려는 희망이다 253
4. 너의 외로운 비밀이 환청과 환시가 됐구나 257
5. 여자가 어떻게 남자인 척을 할 수 있는가 261
6. 나는 당당히 홀로 살아야 한다 266
7. 몸은 지치고 마음은 서러웠다 269
8. 나를 위해서 눈물을 흘리는 사람은 있었다 272

에필로그_ 276

1장

연꽃은 진흙을 먹고 꽃을 핀다

나는 보이는 것으로 보이지 않는 것을 보여주려는
이상적 예술혼을 가진 미술 교사이다

1. 오늘도 내 그림은 습작이 되고 말았다

오늘도 나는 캔버스에 유화 물감으로 그림을 그린다. 복잡한 도시에서 이곳 전원주택으로 이사 온 이후 그림을 다시 그려야 한다는 강한 책임 의식이 생겼다. 지금 내 앞에는 드넓은 호수, 그리고 호수 끝에는 야산이 펼쳐져 있다. 나는 완벽에 가깝게 저 대상을 그려야 한다. 그 완벽함에는 사람들이 놓친 보이지 않는 예술혼 같은 것도 그려 넣어야 한다. 그 모호한 도전에 내 그림은 거의 습작이 되고 만다.

호수를 산책하는 사람들이 한두 명씩 모여들었고, 다들 내 그림에 찬사를 보냈다. 그들은 그림을 모르는 사람들이다. 나는 다수가 좋아하는 달콤한 그림이나 그리는 사람이 아니다. 사람들 눈요기나 시켜 주는 그림쟁이가 아니라는 뜻이다.

나는 화가가 되려고 미대에 진학했다. 그러나 가정 형편상 직업부터 가져야 했기에 미대 재학 중 교육학 과목을 이수했다. 목구멍이 포도청이라고 먹고사는 일의 고육지책으로 우선 시작한 미술 교사가 나의 평생 직업이 될 줄은 몰랐다. 지금이야 교사는 결혼시장에서 인기 있는 직업이지만, 그때는 그렇게까지는 아니었다. 아무튼 나는 높은 이상을 가졌지만, 현실과도 타협할 줄 아는 사람으로 숙맥은 아니다.

나는 교사로서 첫 발령지를 오지 섬으로 자원했다. 육지와는 한 시간 뱃길, 어린 시절을 온통 농촌에서 보낸 나는 바닷가가 내려다보이는 언덕 위의 학교에 대한 로망이 있었다. 그곳은 꿈의 동산이고 세상과 동떨어진 곳으로 내 이상이 펼쳐질 곳이다. 가족과 지인의 만류에도 불구하고 내가 그곳으로 자원한 이유는, 내 어릴 적 그리움을 그림으로 표현하기 위해서였다.

그 학교에 부임한 첫 주말, 30년이 지난 지금도 나는 그 일이 생생하다. 나는 바다가 내려다보이는 학교 운동장 난간에 이젤을 세워놓고 아무 생각 없이 눈 앞에 펼쳐진 수평선, 파도, 물거품, 등대 등을 화폭에 담았다.

그날, 나는 가장 편하게 그야말로 마음의 움직임에 따라 그림을 그렸다. 화풍을 맞출 심사위원도 없었고, 미대 교수의 피드백에 신경 쓸 필요도 없었다. 자칭 전문가라며 잘난 척하는 미대 동료들의 소감도 들을 필요가 없었다. 그림을 다 그리자, 나도 내 그림에 놀랐다. 대상과 그림의 차이를 느끼지 못할 정도였다. 또한 내가 추구해온 이상적 예술혼도 표현됐다. 파도 소리, 물거품과 모래사장이 만나 퍼져나가는 공기의 흐름, 지평선의 그리움, 등대의 외로움, 이런 감정이 다 표현됐다. 그때 기쁨은 말로 표현할 수 없었다. 오지 섬에 대한 내 로망은 그것으로 끝났다.

오지 학교라 내 시간이 많을 거란 생각은 착각이었다. 교장은 나에게 너무 오지라 발령을 포기한 음악 교사 대신에 음악 과목을 가르치라 했다. 업무분장 때는 도덕 과목도 맡았다. 수업시수가 적어 그 밖의 행정 업무도 도맡아 했다. 섬에는 미술학원도 없었고, 미술을 전공하려는 학생도 없었다. 비 입시 과목을 가르친다고 나만의 재량권이 있는 것도 아니다. 수업은 위에서 엄선된 교과과정이 있었다.

'이 한가한 섬에서 내가 그리고 싶은 그림을 그리자.'

첫 주말에 그림을 그리면서 다짐한 나와의 약속은 백사장에 부딪혀 사라진 물거품이 되고 말았다.

심리 읽기

이상화(Idealization)는 현실과는 거리가 먼 내가 그리는 이상적인 어떤 것을 말한다. 우리는 성장 과정에서 다양한 것들을 이상화한다. 그러나 현실 인식이 생기면서 내가 이상화한 것들은 본보기 정도가 된다. 그 본보기도 나의 사유와 경험으로 수정되고 나만의 특성과 개성으로 바뀐다. 이는 사람의 성장 과정이다. 교사의 이상은 그림으로 투사됐으나, 그 이상은 현실과 동떨어진 것이다. 그래서 그려야 할 그림에 대한 기준이 너무 높을 수밖에 없었다. 그녀가 만일 밀레였다면 '만종'도 습작이 되어 구겨진 채로 휴지통에 버려졌을 것이다.

2. 외로우면 그림을 그려라

   나는 가난한 농가에서 칠 남매의 막내딸로 태어났다. 바로 위 언니와는 무려 나이 차이가 일곱 살이다. 아버지의 취중 발언에 의하면 나는 오발탄이었고, 오히려 죄책감으로 더 애지중지 키우려 했다고 한다. 내가 초등학교에 입학했을 때, 바로 위 세 명의 언니와 오빠는 시내에 나가 자취를 했다. 두 명의 큰언니는 도회지에 나가 돈을 벌어 동생들 교육비와 가사에 보탰다. 부모님은 새벽부터 농기구를 들고 나가셔서 해 질 무렵이면 집으로 돌아오셨다. 그런 부모가 안쓰러워 초등학생인 내가 밥상을 차려놓고 부모님을 기다린 적도 있었다.
   내 어린 시절의 기억은 한마디로 '외로움'이었다. 외로움을 달래려고 나는 그림을 그렸다. 그림이라고 해야 만화책 주인공을 연습장에 낙서하듯 그리는 정도였다. 그 시간이 행복했고 시간도 잘 갔다. 그림을 그리는 한 나는 외로움을 몰랐다. 의무교육인 초등학교인 시절에 그림 좀 그린다고 어른들 주목을 받기는 힘들었다. 내가 초등학교 사생대회에서 학년 대상을 받아 전교생 앞에서 교장 선생님이 주는 상장을 받았어도, 부모님은 그게 뭐냐고 할 정도였다. 설마 그림으로 밥 먹고 살려는 것은 아닌지 염려하셨단다. 설마 미대 간다고 할까 봐, 이젠 그림은 그만 그리라고 말하고 싶으셨다고 한다.

    수업이 끝난 후 집에 가면 아무도 없다. 나는 부모님이 일하는 논밭으로 가곤 했다. 부모님은 나에게 일을 시키지는 않았다. 너무 일찍 몸 쓰는 일을 하면 커서도 몸 쓰는 일을 한다는 당신들의 믿음 때문이다. 나는 무료함을 달래려고 나뭇가지로 땅바닥에 그림을 그렸다. 나의 최초 그림은 캔버스인 흙과 나뭇가지가 붓에서 나왔다. 나는 부모님이 일하시는 모습, 잡초, 나무, 구름, 산 등 눈에 보이는 대로 땅바닥에 그렸다. 부모님은 내 그림 솜씨를 칭찬하셨다.
    부모는 혼자 노는 나에게 미안한 마음으로 내 그림을 칭찬하였지만, 나는 정말 그림을 잘 그려 칭찬받는 줄 알고 더 열심히 그렸다. 어느 날, 엄마는 논두렁 밭두렁에서 허리를 숙이고 혼자 노는 나를 물끄러미 바라보더니 아버지에게 말했다.
    "쟤, 읍내에 하나 있는 미술학원 보낼까?"
    아버지는 퉁명스럽게 말했다.
    "그림이나 그려 뭐하려고? 쓸데없는 돈 낭비지."
    아버지의 반대에도 불구하고, 엄마는 읍내에 있는 미술학원에 나를 보내줬다. 30분마다 한 대씩 오는 버스를 타고 읍내 학원에 갔다 오면 날이 어둑해진다. 엄마는 나를 잘 돌보지 못하는 모성의 미안함을 달랠 수 있었던지, 오늘은 무엇을 그렸냐며 나에게 꼭 물었다. 아버지는 흥이 나서 하는 내 말을 흘려 듣고는 무심하게 웃었다. 그래도 그 당시 농촌 부모로서는 아들도 아닌 딸에게 최선을 다하신 것이다.

나는 우리 동네에서 '그거 해서 뭐하려는' 미술학원에 다니는 1호 여자아이였다. 그때부터 나의 미술 잠재력은 급격히 살아났다. 각종 사생대회에서 상을 받았다. 부모님은 딸이 그림이나 그리는 것을 더는 간섭할 수 없다는 것을 아셨다. 종종 내 마음을 돌리려고 애를 쓰셨다. "그림은 취미로 하고 공부를 잘해야 좋은 직업을 가질 수 있어."

나는 미술을 해서 뭐가 되려는 생각은 없었다. 나는 외로운 아이였다. 또래 아이들이 노는 것을 보면 유치했다. '줄 넘기, 고무줄놀이, 공기놀이, 잡담, 이런 것들이 그렇게 즐거울까?' 아무튼, 나는 그들의 희희낙락 유치한 놀이에 끼지 않음으로써 자존감을 지키려 했다. 쉬는 시간마다 나는 연습장을 펴놓고 그림을 그리며 외로운 나를 달랬다. 나는 외로워서 그림을 더 열심히 그렸고, 그림은 내 외로움을 달래줬다.

심리 읽기

외로움, 이는 사람이 의식 수준에서 경험했던 최초의 감정이다. 외로움은 사람 또는 사물이 나에게 멀어졌을 때 찾아오는 감정이다. 외로움은 외로움을 달래줄 대상을 찾는다. 그래서 문명이 창조됐다. 집에 혼자 남은 소녀가 창조한 것은 그림이었다. 어릴 적 자발적인 관심으로 한 것은 가장 깊은 무의식에서 나온 원형(archetype, 原型)의 투사이다. 원형의 투사는 강한 힘을 가졌고, 인생의 향방과 관계가 깊다. 소녀에게 미술은 그녀가 동경한 모든 세계를 담은 대상이다.

3. 예술은 사람의 마음을 읽어줘야 한다

초등학교 5학년 때였다. 여름방학을 맞이하여 부모님은 나를 서울에 있는 작은아버지 댁에 보냈다. 작은아버지는 농산물 유통업을 하시는데 꽤 부자였다.

작은집에는 바이올린 전공으로 음대를 준비 중인 고등학생 언니가 있었다. 그 당시 음악에 대한 평가도 '그거 해서 뭐하려고'였다. 부잣집 자식의 품위 있는 취미 생활 정도였다. 나는 언니에게 동질감을 느꼈다. 언니 역시 내 그림을 좋아해 줬다. 일주일 내내 나는 언니의 바이올린 연주에 1인 청중이 돼줬다. 한 곡이 끝날 때마다 나는 힘차게 박수를 보냈다. 언니는 그런 나를 좋아해 줬다. 언니는 거기에 보답이라도 하듯 나에게 그림을 그리라고 하고는 칭찬을 아끼지 않았다. 내가 그린 그림은 주로 언니가 바이올린을 연주하는 모습이었다.

한번은 언니가 이런 말을 했다.

"어쩜, 너의 그림에는 바이올린 소리가 들려."

시각에서 청각을! 내 그림이 언니의 마음을 읽어준 것이다. '예술은 사람의 마음을 읽어주는 것이구나.' 문학은 글로, 미술은 그림으로, 음악은 소리로, 어린 나에게도 깨달음이었다. 내가 언니의 바이올린 연주에 취한 것은, 바이올린의 얇고 높고 구성진 소리가 나의 외로움을 읽어줬기 때문이다.

'사람의 마음을 읽어주는 그림!' 내 그림의 화두였다. 사춘기 속앓이를 하는 중학생 시절 내내 나는 어떻게 하면 사람의 마음을 읽어주는 그림을 그릴 수 있을까, 하는 문제로 씨름했다. 사람의 마음을 잘 알아야 그림도 잘 그린다는 결론에 도달해 세계 명작소설을 읽었다. 그때는 그림보다는 명작소설이 나의 외로움을 위로해줬고, 여전히 반 친구들의 유치한 수다에 끼지 못하는 소외감을 달래줬다.

중학교 3학년 어느 늦가을이었다. 나는 학교 대표로 군 사생대회에 나갔다. 나는 그림을 그리는 나만의 강박적 방법이 있다. 가령 그리는 시간을 세 시간 준다고 하면, 절반 정도는 생각하고 나머지 절반은 그림을 그린다. 그러니 시간에 쫓길 때가 많았다. 그날도 나는 무엇을 어떻게 그릴지 한가한 가을 공원 풍경을 주시하고 있었다.

그때였다. 교복을 말쑥하게 차려입은 여고생들이 조잘거리며 예쁜 낙엽을 줍고 있었다. 나는 그사이에 끼고 싶은 생각이 들었다. 그러면 내 외로움도 달아날 것 같았다. 그러면 어떻게 될까? 내 희망도, 미적 감각도 다 사라질 것이다. 내가 저기에 참여하는 방법은 그림이다. 강풍이 불었다. 여고생들의 치마가 위로 날렸다. 그녀들은 비명을 지르며 치마가 올라가 속옷이 보이는 줄도 모르고 낙엽을 쫓아 달렸다. 나도 속으로 비명을 질렀다. '바로 저거다.'

나는 낙엽이 아니라 낙엽을 날리는 바람과 움직이는 낙엽, 위로 올라간 여학생 치마가 아니라 속옷을 살짝 비추는 묘한 쾌감과 낙엽 따라 달리는 여학생의 동심을 그리면 됐다. 사춘기 여학생의 마음을 읽어줘 설레게 하는 그런 그림 말이다. 일단 구상하면 나는 매우 빠른 속도로 그림을 그린다. 나는 대상과 그것에 있는 보이지 않는 것까지 완벽하게 표현했다고 자찬했다.

나는 그 그림으로 대상은 놓쳤지만, 금상을 받았다. 심사위원의 심사평에서 나는 더 실망했다. 그림에 호흡과 감정이 실려 있지만, 중학생으로는 추상과 구상의 경계를 모호하게 했다는 심사평이었다. 추상과 구상의 경계가 모호한 작품, 그게 나의 화풍이다. 그거는 중학생으로 예술적 감각이 없으면 못 하는 거다. 사물을 있는 그대로 그리는 것은 예술이 아니라 모방이다.

'촌 사생대회가 다 그렇지 뭐.' 훗날을 기약하며 나를 위로했다.

군청 로비에 한동안 수상 작품을 전시했다. 들리는 바에 의하면 사람들은 내 작품보다 달콤해 보이는 대상에 더 많은 관심을 가졌다고 한다. 3년 후 대상을 받은 학생은 우리나라 최고의 미대에 진학했고, 나는 지방 미대에 진학했다. 절친 P가 한 말이다.

"군 사생대회에서 그린 그림이나, 섬마을 학교 언덕에서 그린 그림이나 둘 다 너의 결핍을 이상적 예술혼으로 표현한 것이다."

나의 이상적 예술혼을 심리적 결핍으로 해석한 것이 싫었으나, 냉정히 생각하면 맞는 말이다. 결핍이 없으면 예술을 못 한다. 배부른 상태로 그린 그림은 사람의 입에 넣어주는 몸에 해로운 사탕이다. 더 결핍하게 할 뿐, 결핍을 채워줄 수 없다. 한편 예술적 혼에 집착하면 관념의 날개만 커질 뿐, 그림을 그릴 수 없다. 나는 대중과 접촉하지 못하는 내 무능을 이상적 예술로 방어하고 있었는지도 모른다. 어쩌면 미술 교사 정도로 충분히 만족해야 할 사람일지도 모른다.

심리 읽기

사람의 생애 주기에 의식적 수준에서 경험하는 최초의 고뇌는 사춘기에 온다. 이때 무의식은 이전 미해결 과제를 의식으로 올려 의식과 무의식을 통합하려 한다. 이를 정체성 찾기라고 한다. 비록 미숙하지만 이 시기는 다른 어느 때보다도 그 혼란을 상징으로 표현하려는 욕구가 강하다. 그가 앞으로 어떤 재능으로 세상을 살아야 하는지, 그 상징은 사춘기에 어떤 형식을 빌려서든 발현된다. 또한 이때는 서로 유사한 상징을 사용하는 친구에게 알 수 없는 친근함을 느끼는데, 바로 단짝을 만드는 시기이기도 하다. 소녀에게 사촌 언니는 단짝이었다. 소녀의 미술 재능은 이때부터 두각을 나타냈다.

4. 내가 원하는 것을 자식도 원하기를 바라나?

나는 특별해야 한다. 그래야 산다. 철밥통 교사는 맞지만, 나는 그 말이 아주 싫었다. 나에게는 속물근성이 없다. 나는 예술혼은 뒤로하고 이상적 교육관부터 구현하려 했다. 학생들을 대상으로 참교육을 구현한다는 목표를 정했다. 전교조에 가입했다. 나는 전교조의 열혈 리더다. 부당한 교육정책을 강요하는 당국에 맞서 시위하는 날이면, 나는 단상에 올라가 발언하고 구호를 선창하는 사람이다. 이상적 예술가가 참교육의 투사가 된 것이다.

내가 구현하려는 이상적 교육관은 피교육자의 인격과 감성 지도까지 하는, 이른바 전인교육이다. 어떻게 하면 이 일을 잘해낼 수 있을까가 나의 화두였다. 나는 최선을 다했다. 동료 교사들도 모두 인정해 줬다. 교육감이 참석하는 공개수업에서는 후한 칭찬을 받기도 했다. 인정받는 일은 기쁘다. 그런데 하나의 인정 뒤에는 하나의 공허가 뒤따라왔다.

'그래서, 내가 얻은 것은 무엇인가?'

P가 말했다.

"너의 이상적 예술혼이나 이상적 교육관은 둘 다 채워지지 않을 관념이라서…"

나의 별난 태도를 바꿀 첫 번째 기회는 딸이 줬다. 딸은 나 때문에 바이올린 전공자가 됐다. 그 옛날 사촌 언니의 바이올린 연주에 반해, 유년기부터 딸에게 바이올린 교습을 시켰다. 현악기는 일찍 시작할수록 절대음감을 찾는다. 딸의 레슨 선생은 조금만 더 노력하면 좋은 연주자가 될 수 있다고 했다. 나는 딸이 엄마의 예술적 끼를 타고난 것이라며 레슨 선생의 말을 철석같이 믿었다. 믿고 싶었을 것이다. 레슨 선생들은 다 그렇게 말한다는 걸 아는 탓에.

딸은 '조금 더' 노력해 주지는 않았지만, 언젠가 동력이 생기면 노력할 것을 믿었고 나는 딸을 강압했다. 엄마의 일방적 압력에 딸은 순종했고 대학입시를 앞에 둔 고등학생이 되자 정말 무섭게 바이올린을 켰다. 그즈음에 딸이 한 말이다. "우리 집은 엄마만 마음을 비우면 행복할 수 있어. 엄마는 동화 속에 나오는 마녀나 다름없어." 딸에게 바이올린 켜는 일을 무서운 엄마의 잔소리에서 벗어나는 일일 뿐, 즐거운 일은 아니었다.

교사의 사명으로 무장한 나, 나의 강압에 못 이겨 바이올린 연주자가 제 길인 양 그 길을 가는 첫째 딸. 놀기만 좋아해서 나의 잔소리를 매일 들어야 하는 둘째 딸의 난동. 이 모든 것이 불만이면서도 내 눈치를 보며 나에게 순응하는 남편. 멀리서 보면 무난한 가정이지만, 보이지 않는 가족 갈등은 정말 많았다. 둘째는 몇 번의 가출을 했다. 남편은 가출도 사춘기 통과의례라고 크게 일탈 행위가 없는 한 너그럽게 봐줘야 아이도 출구를 찾는다고 했다. 우회적으로 하는 내 교육 방법에 대한 비난이었다. 나에게는 말도 안 되는 교육 방법이다. 나는 딸을 엄하게 교육하여 다시는 그런 일이 없도록 하려 했다. 그러나 잘 안됐다.

정말 아이러니했다. 가출한 나의 학생에게는 그렇게 대하지 않았고, 부모에게도 그런 식으로 하지 말라고 했다. 나의 이상적 교사상이 내 자식에게는 안된다. '나는 이상을 핑계로 욕심이나 내는 속물이 아닌가?' 둘째는 내가 원하는 것에 반대 행동으로 나에게 저항했다. 공부하지 않았고, 화장하고 다녔고, 교복 치마는 짧게 줄여 생활 지도 교사에게 몇 번이나 지적을 받았지만 어떻게 할 수가 없었다. 피시방과 노래방은 보통이어서 밤늦게 다녔고, 어떤 때는 입에서 흡연 냄새도 났다.

둘째는 행동으로, 첫째는 말로 나를 다그쳤다. "엄마가 마음을 비우면 돼." 이 말이 나의 정곡을 찔렀지만, 나는 이 말을 수용할 수 없었다. 수용하는 순간 내가 추구해온 삶은 다 추한 욕망이 되고 만다. 내 별난 성격을 인정할 첫 번째 기회를 나는 놓쳤다.

딸들이 제 목소리를 내기 시작하자, 내 안에서 불일치한 것들은 자주 내 의식 위로 올라와 나를 괴롭혔다. 유년기에 논두렁 밭두렁에서 나뭇가지로 땅바닥에 그림을 그리던 외로움이 불쑥 올라왔다. 가슴이 답답했다. 나의 이런 증상을 동료에게 이야기하면 다들 갱년기 증상이라며 무심히 받아넘겼다. 세상에 남의 일을 내 일처럼 봐주는 사람은 없는 법이다. 그러나 갱년기로 단정하기에는 내 안이 너무 복잡하다. P가 말해줬다.

"너의 딸은 너에게 행동으로 말로 반항하며, 너를 벗어나 자기 정체성을 찾으려 몸부림치고 있어. 지금 너는 너 자신에게 반항하며, 오랜 세월 쓴 가면을 벗어 너의 정체성을 찾으려 몸부림치는 거야. 낯선 감정을 이상히 여기지 마. 내가 받아내야 할 내 인생의 단면이라고 생각해."

나의 정체성이라니! 말도 안 돼. 난 이미 교사로서 견고한 정체성을 가지고 있거든. 동료들이 다 인정하는 거야. P의 말에는 핵심이 있었으나, 나는 부정하고 싶었다. 인정하는 순간 나의 공든 탑은 아동기 외로움에 대한 방어에 불과한 것이 되어 버리기 때문이다.

심리 읽기

일반적으로 아버지보다 어머니가 자식과의 동일시가 더 심하다. 10개월 배에 품은 생물학적 경험은 실로 위대하고, 그 동일시의 힘으로 어머니는 자식을 키운다. 그래서 자식에게 자신이 이루지 못한 이상을 보상받으려는 욕구는 어떻게 보면 자연스러운 모성이다. 사춘기 자녀는 마녀와 같이 통제적인 모성에 저항하며 어른의 길을 간다. 동화에 나오는 마녀는 '너는 내 것이야'하는 엄마의 통제하는 특성의 투사이다. 사춘기 전후 자녀의 꿈에 엄마가 마녀로 또는 귀신으로 등장하는 경우는 많다.

한편 미술관에서 교육관으로 전이된 교사의 이상은 충족될 수 있는 것이 아니다. 현실과 만나지 못한 이상은 뜬구름이다. 교사는 그 뜬구름을 딸이 받아 이뤄주기를 원했다. 그것은 이 땅 모든 엄마의 공통된 환상이다. 엄마는 그 환상에서 벗어남으로 자기로서의 삶을 찾는다. 만일 사춘기 자녀가 부모에게 반항하지 않는다면, 자녀는 아동기 환상에서 부모는 사춘기 환상에서 벗어날 수 없다.

5. 시간의 목적은 인간 성장에 있다

나는 삶이 둘로 갈리는 것 같아서 괴로웠다. P는 마땅히 일어날 일이 일어났으니 초조해하지 말라고 했다. 그리고 덧붙였다. "더 큰 고통은 더 큰 성장이 된다." 더 고통이라고? 덜컥 겁이 났다. P는 예지의 능력이 있어 보였다. P는 그것은 예지의 능력이 아니라, 경험에 근거해서 마음의 지도를 읽었을 뿐이라고 했다. "시간의 목적은 인간 성장에 있다. 그것뿐이다." 그러면 P가 말하는 정체성은 나의 사회적 신분이 아니라, 내적 정체성을 말하는 걸까?

딸은 바이올린 전공으로 모두가 부러워하는 명문대 음대에 입학했다. 딸보다도 내가 더 좋아했다. 나는 지방대를 나왔다. 누가 나에게 출신 대학을 물으면 나는 쭈뼛거렸다. 자신 있게 딸의 대학을 말할 수 있는 것은 딸이 엄마에게 준 최고의 기쁨이었다. 딸도 기뻐했다. 내가 딸로 보상받은 기쁨은 단지 몇 개월. 나중에야 알았지만, 딸은 대학합격보다도 엄마와 떨어져 서울에서 자취할 수 있어서 더 기뻤다고 했다.

딸의 대학 생활이 수상했다. 이런저런 핑계로 몇 학기나 휴학했다. 물리적 거리 때문에 딸을 곁에서 통제할 수가 없었다. 딸은 고삐 풀인 망아지였다. 사람의 마음을 읽어주는 위대한 연주자가 되기 위한 연습은 중단하고, 아르바이트를 많이 했다. 엄마가 뭘 물으면 무조건 대답하지 않았다. "내가 다 알아서 해. 걱정하지 마." 딸의 아르바이트는 결혼식을 비롯한 각종 행사에 팀을 조직해 연주하러 가는 것이다. 잔칫상에 초대받아 갔으니 예술성보다는 힘차고 달콤하게 연주해야 한다. 그러다 바이올린 활이 휘고 손목도 다 휜다. 손목 놀림이 정교한 음악성과는 거리가 멀어진다. 그 대학에 입학하려는 입시생 개인 지도도 했다. 벌이는 짭짤했다. 그런데 그 돈은 어디에 쓰는 것일까? 부모에게 용돈은 용돈대로 받아 쓰면서.

딸은 몇 학기를 휴학하더니 나와 남편 앞에서 작심 발언을 했다.

"나, 자퇴해야겠어. 바이올린은 아니야. 바이올린이 아니면 선택의 여지가 없는 줄 알았어. 그래서 열심히, 아니 무섭게 했거든. 그게 아니었어. 결단은 빠를수록 좋아. 나, 요리사가 되고 싶어. 취업도 요리사가 잘 돼. 바이올린 해서 뭐하겠어. 엄마처럼 임용고시 봐서 음악 교사가 될 의지도 자신도 없어. 뭐, 엄마가 나에게 그거 원하는 것도 아니고. 요리도 창조야. 식객의 입맛을 읽어주거든."

나는 울화가 치밀어 딸의 말을 끊었다.

"너, 무슨 말을…, 오스트리아에 있는 엄마 친구에게 유학길을 알아보고 있었는데. 그까짓 요리사. 그동안에 들인 공과 돈, 너 상상이나 할 수 있니?"

나는 얼굴이 하얗게 질렸다. 딸은 말을 이었다.

"그까짓 요리사라니. 나 그동안 번 돈으로 요리 학원 다녔어. 처음에는 취미로 했어. 자취하면서 엄마가 못 해주고 안 해주던 맛난 요리를 해서 먹으려고. 할수록 요리의 매력을 느꼈어. 요리야말로 예술이고 창조던데. 엄마는 좋은 연주로 사람의 마음을 읽어주는 음악가가 되라고 했지. 그 길이 얼마나 힘든지 알아. 기껏 학원이나 개인 강사야. 요즘은 출산 저하로 레슨 학생도 적어. 유럽에서 박사과정까지 마치고도 정규직이 없어 학습지 교사처럼 학생들 개인 지도나 하러 다니는 동문이 얼마나 많은지 알아. 아니면 다른 일을 하던가. 아무튼 내 적성이 아니야. 난 고상하게 살 사람이 아니야. 엄마나 고상하게 살아. 실은 고상한 것 하나도 없으면서. 나는 내 인생을 살 거야. 엄마는 엄마 인생을 살아."

"요리사? 너무 낭만으로 생각하지 마. 온종일 주방에서 땀 흘리며, 음식 냄새 맡으며 식자재를 썰어야 해. 그거 중노동이야."

"그럼, 사람의 마음을 읽어주는 바이올린은 중노동 아닌가? 봐, 내 왼쪽 뺨 뒤틀린 거. 요리야말로 사람의 마음을 즐겁게 해줘. 음악은 안 들어도 살지만, 밥은 먹어야 하거든."

"너, 너의 타고난 음악성을 다 사장하는구나."

"타고난 음악성? 그 말, 나도 엄마 말만 듣고 믿었지. 내가 명문 음대 가서 배운 것은 나에게 그런 재능이 없다는 위대한 교훈 하나였어. 바이올린은 취미로도 충분해."

나는 소파에 주저앉았다. 남편은 나를 진정시키며 딸에게 말했다.

"너의 뜻은 존중한다. 그런데 나중에 마음이 변할 수 있으니, 자퇴는 말고 우선 휴학하면 어떨까?"

"휴학? 그래야 가능한 휴학이 한 학기 남았는걸. 나도 곧 나이 30이야. 서투른 결정 아니야."

남편은 딸의 계속되는 항변을 듣고 말했다.

"그동안 네가 마음고생 많았구나. 나도 너의 뜻을 존중한다. 이제부터는 너의 행복을 위해 너의 일을 해라."

딸이 그동안 마음고생을 많이 했다면, 마음고생을 시킨 사람은 바로 나라는 거다. '이제부터'는 그동안은 딸이 엄마의 인생을 살아왔으니 이제부터는 엄마에게 항변해도 좋다는 말로 내게 들렸다. 거의 항상 나에게 맞추며 가족의 위장 평화를 지켜준 남편이 딸을 구실로 나에게 하고 싶은 말을 한 것으로 들렸다. 그날 남편의 싸늘한 시선은 그것을 말해줬다.

심리 읽기

딸의 모성 콤플렉스는 두 가지 형태로 나타난다. 하나는 엄마와 동일시하는 방법이다. "나도 엄마처럼 살 거야." 다른 하나는 엄마를 거부하는 방법이다. "나는 엄마처럼 살지 않을 거야." 전자는 딸이 엄마에게 순응함으로 엄마를 기쁘게 한다. 현모양처가 될 가능성은 크나, 자신의 욕구를 억압한 반작용은 후에 반드시 일어난다. 후자는 딸이 엄마를 거부함으로써 자기 인생을 살 수 있다. 얼마 동안은 부모를 힘들게는 하지만, 부모 자녀 모두가 성장하게 한다. 교사의 딸은 후자를 선택했다.

6. 일탈의 때가 왔다

그날 이후 밥알이 모래알이었다. 한 달 만에 체중이 4kg 빠졌다. 보는 사람마다 무슨 일이 있냐고 물었다. 삶의 포물선은 수시로 밑으로 내려간다. 시간을 기다리면 내가 나서지 않아도 포물선은 다시 위로 올라간다고 하지만, 워낙 의지가 강한 나는 그 리듬을 자연스럽게 타지 못한다. 그럴 때마다 대안을 찾아 경조증 환자처럼 기분을 상승시켜 견뎌왔다. 이번에는 가라앉은 마음을 상승시킬 대안이 없다. 내 결핍을 보상해 주던 가족 로맨스는 다 깨졌다.

아동기의 외로움이 되풀이되던 어느 날, 나도 크게 일탈할 기회가 왔다. 수업 시간에 한 학생이 팔베개하고 코까지 골며 자고 있었다. 다른 때 같았으면 입시 준비로 얼마나 힘들었으면 그랬을까, 이해하려 했다. 옆자리 학생을 시켜 깨우기만 했을 것이다. 학교 교실이란 것이 그래야만 했다. 그날 분에 참지 못하고 버럭 화를 냈다. 그러자 그 학생이 마치 잠꼬대처럼 말했다. "잘난 척하지 마세요." 그러자 학생들이 모두 웃었다. 여기저기서 '잘난 척'한다는 것 같았다.

그러고 보니 첫째에게도 둘째에게도 남편에게도 나는 항상 잘난 척했다. 말하자면 우월한 위치에서 아랫사람에게 지시하고 명령하고, 내 말이 항상 옳은 것처럼 밀어붙이는 식이었다. 딸에게는 "너 그렇게 해야 해. 너를 위해서." 남편에게는 "당신 그렇게 해야 해. 가족을 위해서." 학생들에게는 "이게 참 교육이란다." 이런 식이었다. 내가 옳다고 여기는 것을 상대에게 주입했다. 왜 나는 상대의 옳음에 귀를 기울이지 못하고 내 독선과 고집과 일방적 판단을 강요했을까. 다 내 허한 마음을 달래려고 상대를 사용한 헛짓이었다.

예술혼을 찾으려는 나의 미술관, 딸로 내 어린 시절의 결핍을 보상받으려던 욕망, 이상적 교육관, 언제까지나 내 편일 줄 알았던 남편, 이 모든 것들이 나를 떠났다. 내가 돌아갈 곳은 급성 우울증이었다.

그때 P가 한 말이다. "큰 고통은 큰 성장통!" P는 내게 이런 일들이 일어날 줄 알았나. P는 마음의 지도를 보고 읽은 것뿐이라고 했다. 마음의 지도는 각자의 몫에 따른 '자기 성장'으로 안내한다고. 그럼, 지금 나의 절망은 일어나면 안 될 일이 아니라 '자기 성장'을 위한 지도의 이정표인가. P가 말했다. "희로애락은 피할 수 없다. 희로애락에 대한 마음가짐만 중요하다."

나는 솔로몬의 잠언이 떠올랐다. 고대 예루살렘 도시에서 최고의 부귀영화를 누렸으나, 그가 말년에 깨달은 것은 모든 것이 '헛되다'였다. 그는 해 아래서 일어나는 모든 일이, 어떤 새로운 일이라도 이전에 이미 있던 헛된 것이라 했다. 솔로몬은 온갖 부귀와 쾌락을 누리다가 깊은 우울의 늪을 헤매다 그것의 헛됨을 깨닫고 '헛됨의 지혜'를 발견했다. 그가 확신하는 지혜는 자기 본분에 만족하고 즐겁게 사는 것이다. 자기 본분에 만족하고 즐겁게 사는 것이 지혜라고, 나는 그 반대였다.

현실을 즐겁게! 내가 추구한 이상도 이루어지는 순간 이미 오래전에 있었던 것으로 헛된 것이 되고 말 것이다. 그럼 나는 헛된 것을 쫓아 미래를 어슬렁거리는 짐승이 되고 마는 것이다. 그것이 최고의 삶인 것처럼, 그렇지 않은 사람을 조소하면서. 솔로몬의 지혜로 비추면 나는 어리석음의 극치에 있는 사람이다. 희망이라는 내일의 속임수에 속아 오늘을 낭비하고 있었고, 그것을 가족과 학생들에게 강요한 것이다.

나는 일탈을 결심했다. 정년 은퇴가 신조인 나에게 조기 은퇴는 큰 일탈이다. 가족 모두가 일탈했다. 나도 일탈하지 않으면 후회할 일이 더 생길 것이다. 무너진 마음을 재건하지 않고 일을 계속하면 마음은 회복 불능의 상태로 될 것이다. 아직 재건의 씨앗이 남았을 때 그 씨앗을 키워야 한다. 그동안 너무 질주해 심신에 쉼이 필요했다.

나는 달리기를 중단하고 멈추기로 했다. 그래도 내 결정에 긴가민가 하자 P가 말했다. "변화는 적절한 속도를 타야 해. 속도는 시간이고, 사람의 무의식은 외적 환경을 조성하기도 해. 변화의 흐름에 너를 맡겨봐." 나를 조기 퇴직하게 만드는 힘은 자아의 의지가 아니라, 내 인생 로드맵이 그려져 있는 무의식이었다. 그것은 저항할 수 없는 숙명이다.

> 심리 읽기

　소위 '지랄 총량의 법칙'이 있다. 사춘기 때 반항 한번 못하고, 집단의식에 자기를 맞춰 살아온 사람에게 중년 성장통은 피할 수 없다. 교사의 이상적 교사상은 정년 은퇴였다. 교사는 그 기준을 깼다. 그것은 지금까지 그녀를 지켜준 안전한 동굴에서 나오는 일대 모험이다. 칼 융은 사람은 중년이 되어서야 비로소 자기실현, 곧 개성화(Individuation)의 길을 걷는다고 했다.

　개성화는 위기 상황에서 출발한다. 위기가 기회인 이유는 이전의 좋은 상태를 회복할 수 있기 때문이 아니라, 위기는 가보지 않은 새로운 길로 나를 초대하기 때문이다. 이처럼 개성화의 정점에는 용기 있는 자아의 결단이 중요하다. 교사의 조기 퇴직 결심, 그것은 단지 시기의 문제가 아니다. 교사의 이상적 예술혼이니 교육관이니 가족관이니 하는 것들이 조기 퇴직한 것이나 다름없다.

7. 연꽃은 진흙에 뿌리를 내린다

퇴임 후 나의 가장 큰 변화는 집에서 15분 거리의 호수를 거의 매일 찾아가 걷는 것이다. 나야말로 운동은 숨쉬기가 전부인 사람이었다. 나는 체질적으로 걷기를 싫어하는 사람인 줄로만 알았다. 그때 P가 한 말은 부정하고 싶었지만 진실이었다. "관념의 세계에 사는 너는 몸으로 하는 일은 무의식적으로 천대하고 있어. 그래서 운동도 하지 않는 거야." 나는 정말 그랬다. 그때는 운동한다고 시간 낭비, 돈 낭비하는 사람들을 속으로는 격멸했다. "에라, 수준이 그것밖에 안 되는 싸구려 중생들아…."

싸구려 중생이 될 결심을 하고 걸어보니, 내 무의식 깊은 곳에 잠자고 있던 생각의 조각들이 의식 위로 올라오는 신기한 경험을 했다. 그것들은 분수처럼 산만하고 아지랑이처럼 부드럽다. 다양한 구슬 모양이기도 하다. 불쾌한 감정들인데, 여과장치를 통해 유쾌한 감정으로 바뀌 나오는 것 같았다. 그래서 계속 걷는다. 몸이 지칠 즈음에 복잡한 생각들은 단순해진다. 생각의 조각들이 꿰어져 목걸이의 형태를 갖춘다. 마음은 단순하고 고요해진다. 이것이 바로 '텅 빈 충만'이었다.

후배 중에 아마추어 마라토너가 있다. 그는 마라톤도 중독이라 했다.

한참 뛰면 무념무상이 되고, 내가 뛰는 것이 아니라 뛰게 하는 힘이 있다고 한다. 이때 쾌감은 성적 오르가슴, 그 이상이고 지속성이 있다고 했다. 그때는 후배의 말을 무시했으나, 지금은 충분히 이해할 수 있다. 나에게 걷기는 선택이 아니라 생존을 위한 필수였다. 가족 모두가 뿔뿔이 흩어진 집, 내 욕망도 다 털린 빈집, 정작 비워야 할 것은 내 초라한 욕망이었다.

그해 가을이었다. 나는 호수 벤치에 무심하게 앉아 있었다. 돌멩이 하나를 주워 호수에 던졌다. 무심하게 나를 바라보며 입만 뻥긋대던 잉어가 물속으로 쏜살같이 사라졌다. 곱게 물든 단풍나무 가지에 앉은 참새도 뿌드득 날아갔다. 호수 산책로에는 백일홍이 다양한 빛깔을 뽐내고 있었다. 잠자리 떼들이 한가하게 그 위를 배회하고 있었다. 하늘에는 구름 한 점 없었다. 가을 햇살은 부드러웠다. 이 모든 것들이 조화를 이루고 있다는 것이 신기했다. 순간, 나도 그 조화의 일부로 흡수되는 것 같았다. 아주 짧은 시간 나와 자연이 하나 된 느낌은 내 오래된 긴장을 다 풀어놓았다. 긴장이 풀어지자 나는 스르르 잠이 들고 말았다. 그 짧은 잠 중에 꾼 꿈이다.

호수에 핀 연꽃이 참 아름다웠다. 꽃잎의 빛은 신비로웠다. 흐르지 않는 탁한 물에서 저렇게 아름다운 꽃이 피다니! 그러자 그중 가장 크고 아름다운 연꽃 하나가 내 앞으로 클로즈업됐

다. 뿌리에는 탁한 진흙이 묻어 있었고 소리가 들렸다. '꽃인가 진흙인가?'

나는 깜짝 놀라서 꿈에서 깨어났다. 꿈인지 생시인지 너무 생생했다. 나는 꿈속의 질문에 대답했다. "아름다운 연꽃은 진흙을 먹고 폈으니, 꽃이 곧 진흙이라 해도 틀린 말은 아니다. 연꽃은 진흙을 먹어서 아름다운 것이다." 나는 뿌리에 탁한 진흙이 묻은 채로 내 앞으로 클로즈업된 연꽃을 한동안 떠올렸다. 그 연꽃을 연상할 때마다 마음이 맑아졌고, 새로운 에너지가 내 안에서 일어나고 있었다. 아, 진흙! 연꽃을 그리워한 나는 연꽃을 피우는 진흙을 버리려 했다. 그래서 내 그림을 그리지 못했다. 진흙을 용납할 수 없고, 진흙이 두려워서.

큰딸은 엄마의 언어가 바뀌면 우리 집이 평화로울 것이라고 했고, 작은딸은 엄마가 행동으로 본을 보여야 가족이 평화로울 것이라고 했다. 남편은 당신의 잘난 척에 더는 맞출 수 없다며 별거로 들어갔다. 내 진흙이 무엇인지 보였다. 그동안 내가 무시한 진흙이 꿈으로 내 앞에 나타난 것이다. 진흙이 있는 곳은 어둡고 습하다. 그러나 그곳에는 양질의 세균이 서식하고 있다. 그 세균이 연꽃을 피운다. 나는 그 진흙은 덜어내고 털어내면서 좋은 모습만 간직하고 싶었다.

'그런데 인제 와서 어쩌란 말인가?' 늦었다고 지난 세월을 아쉬워하는 나에게 P가 말했다.

"지금이 바로 너의 연꽃을 피우는 적기야."

심리 읽기

"연꽃은 진흙에서 핀다." 개성화는 자신의 그림자를 발견함으로써 본격적으로 시작된다. 그림자는 내가 원하지 않는 나의 일부이다. 그림자는 사람들이 그것은 내 것이 아니라며, 외면하고 싶은 진흙 같은 것이다. 사람이 그림자를 인정하고 자신의 일부로 받아들이면, 이전에 좋은 것은 취하고 나쁜 것은 버리는 이분법적 사고도 버리게 된다. 신에게 좋은 것을 달라고 기도하고, 나쁜 것은 가져가 달라고 기도하는 행위는 진흙의 유용성을 모르는 분열적 사고이다.

연꽃은 교사가 꿈꾼 이상 세계이다. 진흙은 평소에 교사가 천박하다고 여긴 것이다. 그런데 이 둘이 만나 꽃을 피우다니. 무의식은 꿈으로 자신의 메시지를 의식에 알린다. "진흙을 두려워하지 마. 진흙은 꽃을 피우게 해." 교사에게 진흙은 이상적이지 않은 예술관, 이상적이지 않은 교육관이었다.

8. 하늘은 스스로 대패질하는 사람을 돕는다

꿈을 꿨다.

퇴직한 나는 대패질을 하고 있었다. 배경은 학교로 바뀐다. 업무분장을 하는데 미술 교사인 나에게 수학 과목이 배당됐다. 이건 말도 안 된다. 걱정이다. 다시 입시생이 된 기분이다. 평소 존경했고 나를 특별히 아끼던 교장 선생님이 말씀하셨다. '걱정하지 마세요. 제가 다 알아서 해결해 드릴 겁니다.' 나는 그 교장 선생님과 좋은 인연을 떠올렸다. 교장 선생님이 도우시면, 수학 과목도 가르칠 수 있을 것 같았다.

내가 호숫길을 걸으며 하는 마음 수련은 내 안에 무성한 모난 나무를 다듬는 대패질이다. 미술 교사인 내게 수학 과목이 배당된 것은 못 하는 것도 좀 해보라는 것이다. 인생은 잘하는 것만으로 살 수 없다. 그런 삶은 절름발이나 다름없다. 못 하는 것도 하면서 삶의 균형을 맞추어 나가는 것이 인생이다. 교장 선생님은 내 안에 위대한 자(Great man), 곧 자기(Self)이다. 혹은 내 안의 신성, 수호천사라고 해도 좋다.

자기는 연꽃과 진흙을 차별하지 않는다.

　나와 함께 하는 내 안의 '위대한 자'는 나를 도울 것이다. 어떤 과목이 배당되든 걱정하지 말라. 위대한 자는 내가 할만한 것을 배당하고 돕는다. 삶은 혼자가 아니다. 생애 후반에는 나를 돕는 비합리적인 실체를 믿고 따라야 한다. 꾸준히 대패질하라. 하늘은 스스로 대패질하는 사람을 돕는다.

　나는 그림을 다시 그리기 시작했다. 호수를 산책하는 사람들이 내 그림에 찬사를 보내든, 내 안의 또 다른 내가 혹평하든 상관없다. 사람들은 내 그림을 각자의 관점에서 평가할 권리가 있다. 지금까지는 부정적 평가가 무서워 멀리 도망갔다. 그리도 도망은 대단한 예술혼으로 방어됐다. 화려한 연꽃을 사모하면서 그것을 피우는 진흙을 회피했느니, 나는 정말 바보처럼 살아온 것이다.

　창작품은 작가의 자기표현이다. 누군가는 내 그림에 호응해 줄 것이고 누군가는 쓰레기라고 쳐다보지도 않을 것이다. 나도 밀레의 '만종'을 억압된 사회에 순응하는 쓰레기로 취급하지 않았는가. 그런 평가를 받아도 좋다. 나는 나의 그림을 그릴 것이다. 내 안의 위대한 나, 교장 선생님이 길을 안내할 것이다.

> 심리 읽기

 참된 자기가 되는 개성화에서 자아의 자유의지는 매우 중요하다. 그러나 그것은 개성화를 위한 작은 동력일 뿐이다. 자아 맞은 편에는 정신의 중심이고, 컨트럴 타워인 자기(Self)가 있다. 자기는 위대한 자라 불리고 초월적 기능을 가지고 있다. 자기는 개성화를 촉진한다. 자기는 자아의 의지와는 무관하게 불쑥 나타나서 제 할 일을 하고 사라지곤 한다. 꿈에서 교사는 미술과는 정반대의 교과목인 수학도, 교장의 도움으로 가르칠 수 있다고 생각한다. 자아의 한계를 벗어나야 당신 인생을 살 수 있다는 자기의 친절한 권면이다.

2장

여자의 눈물은 남성의 감성을 자극한다

나는 내담자를 증상 제거가 아닌,
심리적 통합으로 안내하는 정신분석 심리상담사이다

1. 너 심리상담 한번 받아봐라

'임수진'이라는 여성이 문자로 상담을 신청했을 때 상담사는 그녀가 많아야 30대 중반의 여성으로 생각했다. 이름이 나이를 말해 주는 것은 아니지만, 상담사에게 수진은 여성성이 진하게 느껴지는 이름이다. 상담사가 대학 다닐 때 수진을 짝사랑하던 기억이 나서 더욱 그랬다.

임수진이 50대 여성인 것이 확인되었다고 실망하지는 않았다. 수없이 다양한 사람을 만나면서 느낌과 인상이 곧 그 사람이 아니라는 것쯤은 안다. 임수진은 나이만 50대이지, 말소리를 들으면 20대 후반쯤 된다고 해도 의심할 사람이 없을 정도였다. 게다가 코로나 팬데믹으로 마스크를 쓰고 상담사 앞에 나타난 그녀의 큰 눈동자만 더 크게 보였다. 그녀의 음색, 어투는 영락없이 그때의 임수진이었다.

그녀가 상담사를 찾은 이유는 3년 전에 세상을 떠난 남편을 마음속에서 떠나보내지 못해서다. 수진은 수면 장애로 수면 유도제를 복용하고 있었다. 밀폐된 장소에 가면 숨이 막히고 심장이 멎는 것 같았다. 정신과 진료를 받은 수진은 우울증을 동반한 공황장애 진단을 받았다. 수진은 정신병에 걸렸다고 하니 바깥출입이 다 귀찮아졌다. 집 안에서만 드라마 정주행을 했다. 수진은 우울했다. 이런 딱한 사정을 옆에서 지켜보던 친구 연희가 조언했다.

"수진아, 그러지 말고 너 심리상담을 한번 받아봐라. 심리상담사는 여자가 많던데, 남성 심리상담사에게."

> 심리 읽기

남성에게 아니마(남성 안에 있는 여성성)는 하나의 이미지, 곧 단수이다. 남성의 심리 여행은 그녀를 찾아 길 떠나는 긴 여행이다. 남성은 그 여정에서 그녀가 아닌 여성을 분별하며 그의 그녀를 찾아내야 한다. 그에게 임수진이라는 여성은 내적 인격을 대변해 주는 하나의 이미지, 즉 아니마였다.

2. 낯선 남자에 대한 호기심

　수진은 남성이라는 말이 자꾸 걸렸다. 12살 연상의 남편을 보내고 3년 동안 슬퍼했다. 또 그렇게 슬퍼하는 것이 금실 좋았던 남편의 아내로서 도리라고 생각했다. 아무리 직업적 심리상담사라고 하지만 속 이야기를 모르는 남자에게 털어놓으면, 하늘에 계신 서방님은 어떨까? 알면 섭섭해할 것 같았다. 얘기하다 보면 남편 흉도 나올 것 아닌가. 그것도 모르는 남자에게…

　남들은 그들 부부가 모든 것을 털어놓고 사는 잉꼬부부로 봤다. 잉꼬부부는 잉꼬처럼 싸울 때 격렬히 싸워 마음에 앙금을 남겨놓지 않아 사이좋은 부부가 된 것이다. 바깥에 비추어지는 그들 부부는 싸우지 않는 잉꼬부부였다. 그러나 서로가 꼭 해야 할 말은 하지 않는다. 싸울 때는 싸워야 하는데 싸움을 피한 것이다. 그렇게 앙금을 풀기보다는 서로가 입을 상처가 두려워 참은 것이다. 그렇게 금실 좋은 부부로서의 의리를 지켜갔다.

　사람의 마음은 늘 양쪽을 오간다. 낯선 남자를 경계한 그녀였으나, 막상 낯선 남성을 만나 남편에게도 하지 못한 자기 이야기를 한다고 하니 묘한 흥분에 젖었다. 낯선 남성을 만나 마음을 주면, 남편 사별의 슬품에서도 빨리 나올 수 있을 것 같다. 남편이 남기고 간 상가건물에서 월세가 또박또박 나오고, 통장에는 매월 적지 않은 돈이 연금으로 입금된다. 그녀는 돈 걱정은 빼고, 걱정이 많은 여자다. 심리상담이라고는 아들이 사춘기를 보내면서, 학교 선생님의 권유로 모자 상담을 딱 한 번 받아 본 것이 전부다. 그것도 자기 이야기를 한 것이 아니라 아들 양육에 관한 것이었다.

"경험 있는 심리상담사는 너의 이야기를 있는 그대로 들어줘. 평생 살면서 그런 경험을 해봤을까. 너 자신을 새롭게 발견할걸."

수진은 10년 전에 부부 갈등으로 1년간 심리상담을 받은 연희의 말을 떠올렸다. '내 이야기를 평가하지 않고 있는 그대로 다 이해하는 낯선 남자 앞에서 나는 어떤 말을 할까?' 수진은 궁금해졌다. 기대도 됐다. 수진은 상담을 예약하고 4일을 기다리는 동안 처음으로 슬픔의 터널에서 빠져나왔다. 낯선 것에 대한 호기심이 슬픔을 덮은 것이다.

> 심리 읽기

 사랑 안에는 좋음과 미움 두 개가 동시에 있다. 사랑하기 때문에 미워도 하고 좋아도 한다. 사람의 양가감정은 모든 사람에게 그리고 인생 전반에 걸쳐 있다. 그래야 그 낙차에서 삶의 에너지도 나온다. 굳이 인정하고 싶지 않지만 사별한 자에 대한 감정도 양가적이다. 남은 자는 떠난 자를 슬퍼하고 그리워하나 분노하기도 한다. 그 분노는 억압돼야 한다. 한편 두 감정은 사별한 자의 것이 아니라, 본래 남은 자가 가지고 있던 것이다. 제 감정을 떠난 자에게 투사하는 것이다. 양가감정이 너무 커서 자아가 감당하기 힘들 때 우울증도 오고 공황도 오는 등 정신 구조가 무너진다. 수진이 가진 남편에 대한 감정은 본래 자신의 것이 남편에게 투사된 것이다. 정신분석은 이 진실을 밝히는 과정이다.

3. 여자의 눈물은 남성의 감성을 자극한다

그날, 발열 체크를 마친 수진은 마스크를 벗고 상담실 의자에 앉았다. 수진은 상담사 얼굴을 똑바로 바라봤다. 상담사가 무안해질 정도로. 누가 저분을 50대 후반의 여인으로 볼까. 얼굴에 바른 고급 화장품, 은은한 립스틱 빛깔, 안면 마사지, 기미 제거 시술 등. 연분홍색 스카프를 목에 둘렀는데, 상담사는 30년 전 임수진이 생각나 깜짝 놀랐다.

상담실 안을 은은히 데워주는 컨버터 전기난로, 적당한 습도를 유지해 주는 자연기화식 가습기, 주백색 LED 등, 엉덩이를 포근히 감싸는 소파는 수진의 긴장을 풀어줬다. 그녀는 무슨 말이라도 하고 싶었다. 지난 3년 동안 못 한 말. 아파트 옆 동에 사는 딸이 엄마의 외로움을 달래주겠다고 종종 놀러 오지만, 수진은 딸에게 할 말을 다 못한다. 딸이나 엄마를 위로한다고 와서는 제 할 말만 다 하고 위로받고 간다. 딸은 해외 지사에서 일하는 남편 부재의 외로움을 엄마에게 풀었다. 솔직히 말하면 수진은 딸의 방문이 귀찮다.

수진은 돈을 들여 낯선 남자를 한 시간 샀다. 그녀가 하고 싶은 말을 다 하면 된다. 상담사를 내 감정의 쓰레기통으로 쓴들 그것은 합법적이다. 이상하게 수진은 눈물부터 나왔다. 5분도 안 되어 콧물이 나왔고,

눈물은 얼굴에 바른 화장품을 한 꺼풀씩 벗겨내고 있었다. 소리 없이 흘리는 품위 있는 눈물, 상담사는 30년 전 임수진을 기억해 냈다. "죄송해요. 저는 이미…."

상담사는 30년 전 자신을 떠난 임수진을 떠올리며 그때의 쓰라린 가슴을 다시 느꼈다. 지금 상담사 앞의 임수진은 3년 전 떠난 남편을 생각하며 슬퍼한다. 방어기제가 풀린 수진은 그동안 아무에게도 말 못한 남편 사별의 슬픔이 올라왔을 거다. 이럴 때 뭐라 말 시키는 것은 다 방해 공작이다. 눈물이 멈출 때를 기다리기로 했다. 눈물로 표현되는 내담자의 감정은 명의가 놓는 침과 같다. 눈물은 심리적으로 막힌 기를 뚫어주는 치료의 촉진제이면서 치료 자체이기도 하다.

> **심리 읽기**
>
> 심리치료에서 눈물은 자가 치료제이다. 무의식에 억압된 감정이 풀어지면, 그것은 눈물로 씻겨 내려간다. 딱딱하게 고인 고체가 액체로 풀어지는 것과 같다. 어떤 감정이 풀어진 것인지는 내담자가 직접 말하기 전에 치료자는 추측만 할 뿐이다. 무의식에는 표현하지 못한 다양한 감정이 촘촘히 자리를 잡고 있다. 그래서 열 길 물속은 알아도 한 길 사람 속은 모르는 거다.

4. 중년의 여성 안에는 소녀도 있었다

10분 정도의 시간이 흘렀을까. 수진은 특유의 애교 섞인 음성으로 말했다.

"저, 이런 일은 처음이네요."

상담사는 수진이 남편 사별의 슬픔으로 다른 사람 앞에서 처음으로 울었다는 말로 들었다.

"그동안 많이 힘드셨죠?"

"네."

수진에게는 그냥 들어주는 사람이 필요했다. 남편을 일찍 떠나보낸 여인의 마음은 당사자가 아니면 모른다. 신만이 아는 부부간 사랑과 미움의 긴 역사는 당사자만 안다. 그녀를 위로한답시고 하는 의례적 말들은 허공에 맴도는 메아리에 불과하다. 수진이 말할 차례다. 그런데 참 이상했다. 수진은 말하지 않았다. 눈물로 억압한 감정을 풀면, 누구나 할 말이 많아진다.

수진은 핑퐁 게임처럼 묻는 말에 단답식으로 대답이나 하는 정도였다. 어떤 때는 질문과는 전혀 어울리지 않는 감정표현과 눈물이 나와 상담사를 당황하게 했다. 지금 상담사 앞에는 살 만큼 살아 부끄러움을 모르는 50대 아줌마가 아니라, 수줍은 10대 소녀가 앉아 있다. 경험 있는 심리치료사에게는 직감이 있다. "수진은 사별한 남편에게도 10대 소녀였을 것이다."

> 심리 읽기
>
> 누구에게나 그의 무의식 안에는 '내면의 아이'가 있다. 내면의 아이가 있어 퇴행할 때 퇴행도 할 줄 알아 놀이가 있고, 사는 유쾌한 재미도 있다. 피곤한 인생길에서 내면의 아이는 쉼의 주인공이다. 그러나 이 '내면의 아이'가 자아를 침입해 들어오면, 성인의 페르소나를 잃어버린다. '성인 어린이'가 된다. 어린 이성이 의식의 전면에 드러나고, 성인성은 무의식에 잠기기는 상태가 된다.

5. 다 내 외로움이고 내 슬픔이다

　수진은 남편에게 거의 모든 것을 의존한 공주처럼 살아왔다. 그녀의 애교 섞인 말투, 철저한 외모 관리는 고위 공직자였던 남편의 공주로 살기 위해서 꼭 필요한 것들이었다. 공주를 사랑한 아바마마와 함께 살다가 아바마마가 세상을 먼저 떠났으니, 수진은 남편이 아닌 아바마마를 잃은 것이다. 인생의 동반자로서 남편이 떠났기 때문에 슬픈 것이 아니다. 의존 대상인 아버지가 세상을 떠나 혼자 남아 외롭고 슬펐다. 다 제 외로움이고 제 슬픔이다.

　사람들은 부부 금실이 너무 좋아 수진이 남편을 떠나보내지 못하여 슬픔이 길게 간다고 했다. 남 속 모르는 사람이 하는 듣기 좋은 소리이다. 수진도 그 말이 사실이기를 바랐다. 그러나 내면의 음성조차 막을 수는 없었다. "그게 아니야…"

　수진에게 물었다.

　"떠난 남편이 많이 생각나죠?"

　잠시 생각에 잠긴 수진은 작정한 듯 말했다.

　"그게 아니에요."

의외였다. 그렇게 말하자 수진의 얼굴 한쪽에 자리 잡았던 3년짜리 그늘이 단번에 가셨다. 조금 전 상담실에 들어왔을 때와는 다른 안색이었다. 수진은 묘한 말을 한마디 했다. "상담은 제가 예측한 것과 달랐어요." 그녀는 시계를 보더니, 상담사의 대답을 기다리지도 않고 자리에서 일어났다. 상담사는 자신의 상담방식을 돌아봐야 했다. '이제 1회기 상담했는데, 내가 뭘 잘못했지?' 수진은 입가에 옅은 미소를 지었다. 상담사를 비웃는 것 같았다. 다음 주에 뵙겠다고 하고는 상담실을 떠났다.

심리 읽기

내담자가 자기감정이나 문제를 통해서 치료사를 보는 것을 '전이', 상담사가 자기감정이나 문제를 가지고 내담자를 보는 것을 '역전이'라고 한다. 지금 수진은 상담사와 마주하며 오랜 세월 남편에게 숨긴 남편에 대한 또 다른 감정을 '전이' 안에서 경험하고 있었다. 상담사는 자기의 수진에 대한 아련한 기억으로 수진을 동정하는 '역전이'를 일으키고 있다. 전이와 역전이가 벗겨지면서 내담자와 상담사는 본래의 자기를 찾는다.

6. 나는 남편의 여자였지만, 남편은 나의 남자가 아니었다

    수진은 집으로 돌아가면서 꼭 남자 심리상담사에게 상담받아보라던 연희의 말을 비로소 이해했다. 연희가 고마웠다. 연희의 말이 생각났다. "치유는 상담사와 내담자 사이에 알 수 없는 제3의 힘으로도 일어나는 거야. 그것은 경험으로만 알 수 있어." 수진은 연희의 알쏭달쏭한 말을 이해했다. 단 한 번의 상담으로.

    수진은 남편과 결혼한 이후 처음으로 낯선 남자와 단둘이 앉아 봤다. 비록 계약이지만 이 사람이 내 돈으로 산 사람이라는 생각이 들자, 결혼 이후에 거의 느껴보지 못한 당당함이 수진의 마음 깊은 곳에서 꿈틀댔다.

    "나는 지금 내 말을 해야 한다. 해도 된다. 따뜻한 인상의 저 사람은 진심으로 내 말을 다 들어주고 다독여 줄 것이다. 저 사람은 나의 남자다." 하는 순간 눈물이 와락 쏟아진 것이다. 떠난 남편이 그리워 흘린 눈물이 아니었다.

    30년의 결혼 생활, 나는 남편의 여자였지만 남편은 나의 남자가 아니었다. 나는 능력 있고 잘 나가는 고위 공직자의 여자여야 했다. 그게 잉꼬부부인지 알고 살아왔다. 잉꼬는 싸울 때 인정사정없이 싸우며 잉꼬

부부가 된다는 것을 몰랐다.

  수진은 종속적 행복에 도취된, 되돌릴 수 없는 지난 시간이 서러워 울었다. 남편 사별의 슬픔이 아니었다. 이런 충동이 처음은 아니었다. 남편의 자상함과 사회적 위상에 눌려 불평할 수가 없었다. 수진 주변에 대부분 여성은 수진을 부러워했다. 수진은 불평할 수가 없었다. 그래 봐야 배불러서 그렇다는 말만 듣는다. 수진은 자신이 헨릭 입센의 《인형의 집》로라라 해도 안락한 삶을 보장해 준 남편에게 고마워해야 한다고 말했다. 그날 수진의 눈물은 슬픔이 아닌, 남편을 원망한 눈물이었다.

심리 읽기

  남편은 수진에게 남편이 원하는 것으로 잘해 주었다. 남편에게 수진이 원하는 것들은 나이 어린 아내들의 사사로운 것들이었다. 좋은 옷, 좋은 화장품, 진실이 조금은 부족해 보이는 친절한 말 등. 사랑은 상대가 원하는 것을 해주는 것이고, 독선은 내가 원하는 것을 상대에게 주는 것이다. 남편이 나쁜 사람이어서 자기가 원하는 것으로 아내에게 잘해 준 것은 아니다. 남편으로서는 최선의 사랑을 실천한 것이다. 남편이 살아온 환경과 직업적 환경에서 감정은 사치스러운 소모품 정도였을 것이다. 남편은 남편으로서 할 것을 했지만, 막내딸로 자란 수진은 본인도 알 수 없는 것들로 외롭고 소외감을 느꼈을 것이다. 이 서러움이 무의식을 뚫고 나왔다.

7. 남편은 정말 나만 사랑했을까?

　수진은 낯선 남자와 동등하게 마주 보고 있었다. 그러자 그가 낯선 이성으로 느껴졌다. 맞선에서 남편에게 처음 느낀 이후 두 번째로 느껴본 이성적 감정이다. 그런데 좋았다. 나는 지금까지 정말 올바르게는 살아왔다. 그게 정말 잘 살아온 건지 의심은 된다. 고위 공직자 남편은 유관 업체의 접대를 받으며 낯선 직업여성과 단둘이 자리를 한 적이 없었을까. 연희가 말하곤 했다. "직급이 높은 공무원은 다 대접받으며 살아. 제발 꿈에서 깨어나." 수진은 뭔 대접이냐고 물었고, 연희는 웃었다.
　수진은 바보가 아니다. 돈과 권력이 있는 남자치고 아내만 유일한 여성으로 아는 남자가 없다는 것쯤은 안다. 업무 회식이라며 자정이 넘어 귀가하는 남편의 옷에는 가끔 여자의 향수 냄새가 배어있기도 했다. 주말에 나가는 골프 대접에 뒤를 따라가 보고 싶기도 했다. 그러나 가정에 충실한 남편임을 믿었다. 또 그러기도 했다. 나만이 오직 남편의 여자이기를 믿고 싶었다. 혹 무슨 일이 있었다면 남편의 직급이 나쁜 것이지, 남편이 나쁜 것은 아니라고 믿고 살았다. 지금 수진은 남편과는 다른 따뜻하고 지적인 남성에게 마음이 끌렸다. 지금 와서 어쩌라고! 그래서 눈물이 났다.

'이 나이에, 이런 감정을 느껴보는 것이 어때서. 다시 연애를 시작할 것도 아니고.'

상담사가 수진에게 힘드냐고 물었을 때 수진이 힘들다고 대답한 것은, 30년 만에 다시 느끼는 이 짜릿한 감정을 숨겨야 하기에 힘들었던 것이다. 수진은 그 짜릿한 감정을 표현 못 하고 혼자만 간직해야 한다. 그게 슬퍼서 울었다. 남편 사별의 슬픔이 아니었다. 물론 이것은 낯설지만 지적이고 공감 능력이 있는 어떤 남성에 대한 일시적 감정이지만, 사람은 감정에 약하다. 30년을 남편의 애마로 살아온 삶이 주마등이 되어 눈앞에 아른거려 슬펐다. 시간은 되돌릴 수는 없다. 그래서 슬퍼 울었다. 남편 사별의 슬픔이 아니었다.

수진이 우울증에 걸린 이유는 남편에 대한 분노 때문이었다. "난 오랜 세월 당신의 여자로 살아왔어. 당신이 나를 많이 위해준 것은 사실이야. 고마워. 그런데 나도 당신의 사회적 위치에 맞추어 사느라 얼마나 힘들고 억울했는지 알아? 내 억울한 하소연을 듣지도 않고 먼저 떠나. 그럼 나는 어떻게 하라고?"

남편에게 풀어놓아야 할 분노가 수진에게 향해 수진을 공격한 것이다. 대상으로 갈 분노가 자신에게 향해지는 것, 이것이 우울증의 원인이다. 수진은 폐쇄적으로 살아온 삶이 원통해, 폐쇄된 공간에서 종종 공황 증상이 일어난다.

> 심리 읽기

 남자의 심리는 일단 결혼하고 나면 아내보다는 밖의 일에 더 관심이 많다. 반면 여자의 심리는 자기가 남편의 유일한 대상이 되고 싶다. 그 기대를 포기 못 하면 아내는 어린 이성에 갇힌다. 나이 많은 남편이 아내의 욕구를 잘 채워주면, 무의식중에 아내는 남편을 아버지로 여겨 어린 이성에 더 고착된다. 이렇게 부부는 서로의 욕구를 주고받으며 산다. '남편 바라보기의 아내'는 그녀의 내면에 남편에 대한 분노도 품고 있다. "당신 때문에 나는 자유롭지 못해." 이처럼 사람의 마음 안에는 서로 다른 대극이 항상 존재한다. 이것만 잘 이해해도 인간관계에서 실망하지 않는다. 나를 좋아하는 사람이 나를 미워할 수도 있다. 나 역시 그런 사람이다.

8. 행복도 불행도, 사랑도 미움도 다 '어느 정도'만이다

상담사가 수진에게 '많이 힘드셨죠'하는 순간 수진은 상담사가 그녀의 마음을 알고 하는 말로 들었다고 했다. 생각할 것도 없이 자동으로 '네'라는 대답이 나왔다고 한다. 남편도 모르고 떠난 그녀의 마음을 상담사가 알아줬으니, 오랜 감옥에서 석방된 기분이라고 했다. 이것은 순전히 수진의 억압된 감정이 만든 것이지만, 그것이 심리적 현실이 되면 객관적 사실 그 이상의 힘을 가진다.

그래도 수진은 한평생 아내를 위해서 헌신하며 잊을만하면 사랑을 확인시켜 준 남편이 고마웠다. 남편의 사랑은 어느 정도 진실이었다. 그러나 그녀가 남편에 대한 마음이 진실만은 아닌 것처럼, 남편 역시 그녀에 대한 마음이 진실만은 아니었을 것이다. 남편은 아내를 고위 공직자의 품위 있는 여자로 길들이고 있다는 생각을 본인이 생존할 때도 느낄 수 있었다. 수진은 우리 부부가 단지 '어느 정도'만이어서 슬퍼 울었던 것이다. 상담 시작한 후 반년이 지나자, 수진은 사랑도 미움도, 행복도 불행도 실은 '어느 정도'라는 것을 깨달았다. 만일 남편과 싸울 때는 격렬히 싸우는 잉꼬부부였다면, '어느 정도'의 진실을 빨리 깨우쳤을 것이다.

수진은 남편이 아닌, 홀로 남겨진 자기 때문에 울었다. 살아있는 사람이 죽은 사람을 위해서 우는 일은 애당초 불가능하다. 죽은 사람과 관련된 자신의 감정 때문에 운다. 수진은 죄책감 때문에, 혹은 남편이 듣고 놀랄까 봐 차마 하지 못한 말들을 기관총처럼 난사했다. 그러자 이상한 일이 내면에서 일어났다. 자신을 괴롭힌 것들이 유쾌한 인생의 단면 이야기로 보였다. 수진은 남편에게서 그리고 남편 사별의 슬픔에서 서서히 빠져나오기 시작했다.

10년 전, 연희가 이혼한다고 했을 때 수진은 이혼은 절대 안 된다고 말렸다. 부부는 세월이 흐르며 미운 정 고운 정이 뒤얽히며 사는 것이라고 연희의 경솔함을 꾸짖었다. 그러나 지금 연희의 마음을 충분히 이해할 수 있게 됐다. 무조건 이혼을 제안해 위자료도 제대로 못 받고 나와 궂은일을 하며 힘들게 살아가는 연희. 연희는 자기로 사는 삶이 무엇인지를 보여주는 수진의 멋진 친구이다.

상담을 종료한 날 수진은 과일 상자를 들고 왔다. 수진의 나이는 곧 환갑을 바라보지만, 40대 초반이라 해도 사람들은 그대로 믿을 것이다. 마음만 먹으면 무엇인들 새로 시작할 수 있을 것이다. 혹 좋은 사람 있으면, 소개해도 좋다는 농담 반 진담 반인 말을 남기고 수진은 떠났다.

> 심리 읽기

'어느 정도'야말로 진실이다. 수진이 어느 정도 남편을 사랑했다면 그 반대편에는 어느 정도의 미움도 있었다. 남편 역시 어느 정도 수진을 사랑했다면 어느 정도는 싫어도 했을 것이다. 심리치료는 내담자의 전적인 기대를 어느 정도로 바꾸어 주는 지난한 과정이다. 이것은 다 말로서 이루어진다는 점에서 매우 단순하지만, 그 말들은 의식에서 시작하여 무의식으로 내려간다는 점에서 매우 심오하다. 그래서 정신분석 초기에 심리치료를 '말하기 치료'라고 했다. 삶은 어느 정도의 진실을 배우는 것이 아닐까? 어느 정도의 진실은 배운 수진은 자신은 물론, 떠난 남편이나 친구 연희도 이해하게 됐다.

3장

당당히 하고 싶은 말을 하라

나는 일반회사 다니다 소명감으로 뒤늦게 교사가 됐다

학교 폭력 사건으로 내 자존감과 소명감은 무너졌으나…

1. 나도 하고 싶은 말이 있다

"담임선생님이 학생 지도를 그렇게 하니 학교 폭력 사건이 일어나죠."

피해 학생 준석 엄마의 목소리가 귓속을 후빈다. 말끝에 날카로운 송곳이 있다. 송곳은 귓속 달팽이관을 마구 쑤신다. 어지럽다. 나는 반사적으로 두 손으로 양쪽 귀를 누른다. 비명을 지르고 싶지만 교무실이다.

나도 하고 싶은 말이 있다. "그렇게라뇨. 저 학생들에게 인기 있고, 교장 선생님에게 인정받는 교사예요. 쉬는 시간에 아이들끼리 장난하다 일어난 일을 가지고, 담임교사의 학생 지도 탓을 하다니요. 그럼, 쉬는 시간마다 교실로 올라가야 하나요? 제가 CCTV인가요?"

학교 폭력이 일어나면 교사는 을, 피해 학생 부모는 갑이 된다. 나는 큰 죄라도 진 사람처럼 몇 번이나 죄송하다고 했다. 그리고 뭉개진 자존심은 다른 곳에서 찾으라는 동료 교사의 조언이 있었다. 나는 좀 '욱' 하는 성격을 가졌다. '욱'은 학교라는 관료 사회에 적응하며 서서히 자취를 감추는 듯했다. 그러다 욱해야 하는 상황이 되면 나도 모르게 그 '욱'이 튀어나온다. 하지만 이번에는 '욱'을 참아야 한다. 학교폭력사건이다. 글쎄, 그것도 학교폭력사건이라 할 수 있을까!

피의자 학생 엄마도 만만치 않다. "아니, 아이들끼리 그런 일은 흔한데, 그걸로 학교 폭력을 거나요? 준석이가 소심한 것을 내 아들이 책임져야 하나요. 아무튼 선생님은 이 일에 공정해야 합니다." 그녀도 나에게 한 수 가르치며 할 말은 했다고 우쭐거린다. 나도 자존심 있는 사람이다. 이렇게 말하고 싶다. "공정하라니요? 어머니가 무슨 권리로 제게 그런 말을 합니까? 어머니부터 상황을 공정하게 인식하셔야 합니다." 하지만 나는 담임교사로서 책임을 느낀다며, 죄송하단 말만 했다.

나는 동료 교사나 교감·교장 선생님의 도움을 기대했다. 그러나 모두 강 건너 불 보듯 한다. 영혼이 없는 말만 한두 마디 던진다. "내 경험에 의하면…". 끼어들고 싶지 않은 거다. 끼어들어야 별 도움 줄 것도 없을 것이다. 속으로는 이렇게 말했을 거다. "그냥 견뎌. 그래도 철밥통과 확실한 노후대책은 깨지지 않아."

준석이 엄마는 거의 매일 나에게 전화해서 준석이가 전하는 학급 동태에 시비를 건다. 준석이 아버지는 학교에 찾아와서, 피의자 학생을 전학시키지 않으면 사법부의 판단으로 가겠다고 엄포를 놓고 갔다. 반쯤은 나를 고발하겠다는 협박이다. 소위 '중2병' 교실에서 쉬는 시간에 일어난 거친 말싸움과 약간의 몸싸움이었다. 가해 학생이 준석이 머리에 알밤을 한 대 쥐어박았다. "아야~"로 끝났다. 그것도 물리적 폭력인가? 이것 때문에 내가 죄인이라도 됐단 말인가. 학교 폭력에 대한 교육청 결정을 기다리는 동안 나는 양쪽 학부모의 일방적 폭언에 가까운 문자와 전화에 시달렸다. 전화벨 소리, 문자 및 카톡 알림 소리만 들어도 심장이 덜컥 내려앉았다.

　나는 급성 공황장애 진단을 받았다. 원래 공황장애는 우울한 정서를 동반한다. 정신과 약을 먹으니 꼬리를 물고 늘어지는 억울함과 분노는 줄었으나 가끔 졸음이 왔다. 동료 교사의 이야기를 들어보니 한때 정신과 약을 복용했다거나, 지금도 복용하는 교사들이 적지 않다. 돈 좀 있는 사람이 사는 지역의 교사들은 다들 그렇다는 것이다. '나만 그런 것이 아니구나.' 이것도 나에게 위로가 됐다.

> **심리 읽기**
>
> 　'욱'은 평소 화를 참은 것이 원인이고, 심하면 행동을 동반하는 감정 반응이다. 교사는 학생들 앞에서 감정을 절제해야 한다. 절제된 감정은 속에서 화를 불러일으킨다. 그 화를 분출할 수 없어 자신에게 향하면 우울증, 그 화가 신체화로 나타나면 공황장애 증상이다. 교사의 페르소나를 지키면서도 '욱'을 표현할 수 있는 용기는 삶을 주체적으로 이끈다. 그러려면 때로는 현실적 손실을 각오한 결단도 필요하다. 인생 전체를 놓고 보면 한때의 손실은 더 큰 유익을 가져올 수도 있다. 교사의 결단이 필요한 때가 왔다.

2. 갈팡질팡 경계선에 서 있는 나

나는 일반직장에 다니다가 사직하고 늦게 임용고시를 준비해 교사가 됐다. 첫 발령지는 경기도권 외곽 중소도시 중학교였다.

교실은 봉숭아 학당까지는 아니어도, 교사의 권위를 찾아보기 힘들었다. 졸거나 아예 책상에 엎드려 잠자는 학생, 블루투스 이어폰으로 스마트폰을 보는 학생, 짝과 계속 수군거리는 학생, 심지어 교사 허락을 받지 않고 자리를 이동하거나 화장실에 갔다 오는 학생도 있었다. 주의를 줘도 소용이 없었다. 중학생은 세게 다뤄봐야 교사 자존심만 상하니, 분위기를 바꾸려 말고 분위기에 적응하는 편이 좋다는 선배 교사의 고견이 있었다.

그날, 수업 시간 내내 블루투스 이어폰으로 유튜브를 보는 학생이 있었다. 가볍게 주의를 줬으나 학생은 그대로였다. 한 일주일을 버티다가 그 학생의 태도가 반 전체에 나쁜 영향을 준다고 판단하여 심하게 야단쳤다. 돌아오는 것은 학생들의 야유, 나는 좁은 교실에서 학생들에게 집단 따돌림을 받았다.

"수업에 집중하는 학생들에게만 집중하라." 21세기 대한민국 교사의 훈령이다. 밖에서 볼 때 교사는 꿀 직업이다. 안에서 보니 그 대가로 치러야 하는 것들이 만만치 않다. 자존심이니 자존감이니 교육관이니, 이딴 거는 다 버려야 한다. 먼저 대기업에 그냥 있을걸, 거기나 여기나 버려야 사는 것은 마찬가지다. 평생 중학생을 대상으로, 허공에 대고 떠들어야 한다. 중학교 교사는 평생 중학생 수준으로 있다가, 중학생 수준으로 정년 퇴임한다고 동료 교사가 술자리에서 떠든 적이 있다.

 나 여기 왜 왔을까. 나는 중학교 때에 존경한 교사가 있었고, 나도 그 교사처럼 후학들에게 귀감이 되겠다고 여기 찾아왔다. 그것이 헛된 소망이라면 여기 있을 필요가 없다. 철밥통과 노후대책이나 하려 힘든 임용고시에 합격한 것은 아니다. 그게 인생의 목적일 수는 없다. 갈팡질팡 경계선에 서 있으면 나는 무기력해진다. 그래도 부자 동네에 가면 좀 다를까, 해서 소위 부자들이 산다는 M 중학교로 전근했다.

> **심리 읽기**
>
> 우리는 어린 시절에 '나도 ~처럼 되고 싶다'라는 소망을 가진다. 그것이 쌓여 각자의 이상향이 결정된다. 이상은 항상 현실과 갈등을 일으킨다. 그래서 현실을 피해 나만의 상상 세계로 도피하면 은둔형 외톨이가 되기도 한다. 이상은 이상일뿐, 이상은 현실과 부딪치며 수정된다. 교사는 수정 작업에 들어갔다. 그런데 수장작업이란 것이 거의 고통이다. 그래도 고통은 가장 깊은 자기성찰과 행동의 변화를 이끈다. 교사는 후학에게 모범이 된다는 것은 장미꽃을 뿌려놓은 탄탄대로가 아니라는 사실을 배우는 것이다.

3. 가지 않은 길은 누구나 초보자다

그곳의 수업 분위기는 조금 달랐다. 학생의 수업 집중도가 높은 것인지, 무기력이 학습화된 것인지, 이전 학교에 비하면 교실이 덜 산만했다. 부임 첫날부터 동료 교사가 조언했다. "여긴 학부모를 잘 견뎌야 해." 무슨 말인지 이해는 했으나, 실제로 겪어보지 않은 이해는 책 속의 한 문장과 다름없다.

내가 담임하는 반에는 ADHD(주의력 결핍 과잉행동 장애)라고 할 정도로 나대는 학생이 한 명 있다. 그 학생은 전체 수업 분위기를 해치기 일쑤고, 쉬는 시간에는 교실이 축구장인 것처럼 마구 뛰어다녔다. 그러다가 소심한 준석을 발에 걸려 넘어지게 했다. 미안하다고 한마디 하면 됐을 일이지만, 둘은 말싸움했다. 그 학생이 준석을 놀리고 폭언하고 알밤을 한 대 쥐어박았다. 준석이는 그 일을 엄마에게 고스란히 일러바쳤다.

그 자리에 있지도 않은 나는 담임교사라는 이유로 준석이 부모에게는 학생 지도를 잘못한 사람이 됐고, 가해 학생 부모에게는 공정하게 하라는 훈시를 들었다. 교사가 어떻게 학생들의 일거수일투족을 감시하란 말인가. 혹여 그렇게 한다면 교사가 학생의 자율권을 침해한다고 학부모들은 불평할 것이다. 교장과 교감 선생님은 학부모가 자극받지 않도록 처신해야 한다고 조용히 나를 타일렀다. 공직사회는 문제의 잘잘못을 따지기보다는 무조건 문제의 확대를 막는 일부터 해야 한다고 했다. 이곳 학부모들은 다들 한자리씩 하는 사람들이니, 괜히 감정을 건드려 자극하지 말라고도 했다. 그 말은 정말 역겨웠다. 나이 30대 중반의 초임 교사인 나. 그동안 사회 경험으로 중등교사 정도야 지혜롭게 할 수 있다고 했는데, 그게 아니었다. 가보지 않은 길은 누구나 초보자다.

아무래도 선택을 잘못했다. 나는 대한민국 공교육이란 거대한 체계를 원망했다. "다 나 때문이다." 내가 너무 조급한 결정을 내렸다. 원망할 것이 있으면 나를 원망해야지, 그래도 이미 접어든 길에는 희망이 있을 것이다. 희망은 형태를 갖춘 어떤 것이 아니라, 찾는 사람이 그 형태를 만들어 가는 것이다. 한편 공교육 체계라는 거대한 바위에 달걀을 던져봐야 끄떡없다. 오히려 그 잔해는 나에게 되돌아온다. 내가 변해야 한다. 나는 이 양자 사이를 오가며 울분이 올라왔고, 과호흡으로 가슴도 답답해졌다.

> 심리 읽기

　나의 정당성이 부당성이 되어 버린 현실. 살면서 이런 난관을 얼마나 많이 넘어야 하는지? 난관을 넘다가 자아 용량의 한계에 부딪혀 더는 넘을 수 없을 때, 그래도 우리는 살아야 한다. 자아는 살기 위하여 외부 자극과 본능을 중재하는데, 그 타협이 신체화 증상으로 나타난다. 과호흡과 가슴 답답증은 대표적 신체화 증상이다. ADHD는 너무 어린 나이에 그 중재에 실패한 마음의 병이다. 소아·청소년들에게 무슨 유행병처럼 진단이 내려지는 ADHD. 책임은 그들이 아니라 아이를 키우기에 녹록지 않았던 외부 환경에 있다.

4. 나는 강단 있는 사람이 되고 싶었다

"지금도 쉬는 시간에는 가해 학생이 학생들을 괴롭힌다는 소문이 있어요. 우리 준석이가 불안해해요. 내일부터 선생님이 쉬는 시간마다 반에 가셔서 학생 지도하세요. 담임교사의 권리이고 책임입니다."

나는 휴대폰에 대고 쌍욕을 해주고 싶었다. "당신 미친년 아니야. 당신이 와서 해." 그러나 나라의 녹을 먹으니, 백성에게 봉사해야 한다. 나는 아무 말도 하지 않고 전화를 끊었다. 교감 선생님에게 보고했더니, 그대로 하라는 것이다. "당신 같으면 하겠어?"라고 묻고 싶었다. 교감 선생님은 내 속말을 알았는지 말했다. "나는 더한 것도 겪었어." 공직사회는 대체로 나도 겪었으니 너도 겪어라, 하는 식이다. 감정의 교류가 안 되는 집단이다. 당장 사직서 쓰고 싶다.

아니, 마지막까지 해보는 거다. 볼 거 못 볼 거 다 겪어보는 거다. 그래야 남는 장사인지 밑지는 장사인지 결판이 날 것이다. 대기업 다닐 때는 안에서 버티느냐, 밖으로 나가느냐가 문제였다. 여기서는 안에서 어떻게 버틸까가 문제이다. '쪽을 팔더라도 남아야 산다.' 버텨보자. 그동안 관료적이고 형식적이라고 비난한 교장, 교감 선생님이 위대해 보였다. 그렇다. 버티는 자가 남는다. 남는 자가 성공한 자다. 두 번 실패할 수는 없다.

나는 수업 시수가 많은 영어 선생이다. 초보 교사인 나에게 한 시간 수업 후 10분 휴식은 다음 수업 준비를 위한 황금 시간이다. 나는 그 황금을 반에 올라가 학생 휴식을 지도하는 데 썼다. 가해 학생은 친구들을 몰고 다녔다. 좀 거친 보스다. 준석이는 그 무리에 끼고 싶었으나 따돌림당하는 것이 역력히 보였다. 여린 성품에 자존심 강한 준석은 교우들의 환영을 받지 못했다. 전형적으로 과보호를 받고 자란 지질한 남아의 모습이었다. 친구들과 어울리지도 못해 심통 난 준석, 타인에 대한 배려가 부족한 중학생들이 그를 좋아할 리가 없다.

며칠 후 준석 엄마에게 전화가 왔다.
"선생님, 여전히 우리 준석이가 따돌림당하는 거 모르시나요."
그렇지 않아도 그녀에 대한 감정을 참고 있었는데, 나는 하고 싶은 말을 했다.
"따돌림이라뇨, 그렇게 보시면 따돌림당하지 않는 아이들이 어디 있겠어요. 아이들은 싸우고 친하고를 반복하면서 인격 형성을 합니다. 정말 폭력이 오가기 전까지, 교사는 학생을 믿고 학생 지도를 합니다."
준석 엄마는 단단히 화가 났다.
"선생님, 잘하셨다는 겁니까? 이런 사달을 만들어 놓고는⋯."
"사달이라뇨. 어머니가 사달을 만드신 것은 아닌지요?"
"지금 싸우자는 겁니까? 반성은 안 하시고."
"저는 다음 수업 준비도 못 하고 반에 올라가 휴식 지도를 합니다. 교사가 어떻게 학생들 마음마저 통제할 수 있습니까."

"참, 말이 안 통하네."

"교사가 아이들 사생활을 일일이 간섭하면 그게 교육입니까? 감시죠."

"지금 막 나가자는 겁니까?"

"지금 막 나가고 계시잖아요. 저 수업 해야 합니다."

준석 엄마는 전화를 끊었다. 나는 속이 후련했으나 걱정도 됐다. '말이 안 통하는 것은 누군데. 교사를 자기 시종으로 아나?' 나는 이 일을 대학 졸업 후 바로 교사가 된 친구에게 말했다. 침묵이 교사의 최고 처세술이라던 친구는 말했다. "잘했어. 그거 우리 교사 카페에 올리자. 용기 있었어. 모든 교사의 대변인이 돼줬어. 그런데 그 후폭풍 받을 준비도 해야 해." 절친 P가 내 귀에 대고 속삭였다. "잘했어. 잘했어. 정말 잘했어. 인생은 두렵게 생각하는 사람에게는 두렵고, 가볍게 생각하는 사람에게는 가벼운 거야."

다음날 교장 선생님이 나를 호출했다. 교장실에 가보니 준석 아버지가 있었다. 친구의 말대로 후폭풍이 온 것이다. 준석 아버지가 목소리를 깔고 말했다.

"○○지방 검찰청 부장검사인 내 친구에게 자문했어요. 가해자 학생을 전학 보내지 않으면 제가 할 수 있는 모든 것을 하겠습니다."

정말 검사 친구가 있어서 그에게 자문했는지 그냥 하는 말인지, 나는 얼굴을 찡그리며 말했다.

"가해 학생을 전학 보낸다고 문제가 해결될까요. 내 자식이 귀한 가해 학생 부모님은 판사에게 자문했을지도 모르죠. 부모님이나 저나 준석이가 각자의 정체성을 찾느라 방황하는 중학생 교실에 적응하는 것을 도와야 합니다."

준석 아버지는 굳은 표정을 짓고는, 아무 말도 하지 않고 교장실을 나갔다. 당신이 뭐라고 그러던 나는 할 말은 하겠다는 결의를 다졌다. 교장실에서 내려다보이는 주차장에는 고급 외제승용차가 대기하고 있었다. 그가 나가자, 내가 말했다. "저 결의로 자식 교육이나 제대로 하지." 교장 선생님은 크게 웃으며 말했다. "김 선생님 강단이 보통 아닌데. 아주 잘했어. 그런데 뒷감당해야 해." 나는 교장실을 나오면서 혼잣말했다. "공직 생활 오래 하면 다 너구리가 되나. 뒷감당이라고. 그거 함께 하면 안 되나. 권한은 행사하고 책임질 일은 싹 빠지고, 그게 교장 처세술인가."

학부모 감정을 건드리지 말라는 동료의 고언은 정말 고언이었다. 건드려봐야 건드린 사람만 피곤하다는 것이다. 우리의 자존감은 흔들리지 않는 철밥통과 확실한 노후대책이라고 한다. 그렇게라도 자위하자는 것이다. 이 일로 나는 엘리베이터만 타면 과호흡하는 공황장애 증상을 추가했다. 준석 아버지가 담당 검사가 되어 나를 심문하는 꿈을 종종 꿨다. 나는 온몸에 식은땀을 흘리고 비명을 지르고 잠에서 깬다. 약물을 늘렸다. 나는 강단이 있는 사람이 아니다. 알고 보면 강단 있는 척, 하는 약한 사람이다.

> 심리 읽기

 햄릿은 사느냐 죽느냐 그것이 문제라고 했다. 정신건강의 기준은 퇴행하느냐 전진하느냐가 관건이다. 만일 퇴행한다면, 훗날 퇴행한 그 거리만큼 다시 앞으로 가야 한다. 버티는 자가 이긴다는 말은 심리학적으로 퇴행하지 않는 자가 그 자리에 남아 마지막 승자가 된다는 말이다. 연꽃은 그의 뿌리가 묻힌 진흙을 외면하지 않아, 거기서 꽃핀다. 자아의 현실감각과 현실 지향은 정신건강의 척도이다. 인간의 공격성은 존재감을 과시하기도 하고 지켜주기도 한다. 사실, 사람이 고민하는 거의 모든 문제는 자아가 퇴행하여 만든 상상물이다.

5. 너는 부모 역할을 제대로 하고 있니

    나는 소위 '영끌족'이다. 지금 집을 안 사면 노숙자가 될 것처럼 언론에서 난리를 치고, 목소리 큰 유튜버들의 선동에 속아 2020년에 지금의 20평대 아파트를 샀다. 일부는 정부에서 대출해 주는 고정금리로, 그래도 부족한 금액은 제2금융권에서 융자받았다.

    미 연준 금리가 오르자 한국은행 기준금리도 오르고, 매월 내는 이자는 어느새 2배가 됐다. 나와 아내의 봉급으로는 벅찬 금액이다. 쌍둥이인 두 아들은 올해 초등학교에 입학한다. 앞이 캄캄하다. P가 말했다. "나쁜 일은 기다렸다 한꺼번에 온다. 무엇을 어떻게 하려고 너무 애쓰지 마. 버틸 때는 버티는 것 외에는 생각하지 마."

    버티는 것 외에는 없었다. 정정하시던 아버지가 폐암 진단을 받았다. 부모님 경제 형편으로 보아 아들인 내가 치료비를 나 몰라라 할 수는 없는 상황이다. 집을 내놓은 지 6개월이 지났으나 집 보러오는 사람은 단 한 사람도 없다. 이런 걸 사면초가, 진퇴양난이라 한다. 나는 항정신성약물에 의존해 하루하루를 버텼다. P가 말했다. "일단 올 것이 다 오고 나면, 안 보이던 것이 보여. 그것을 봐."

    당장 배고픈 사람에게는 빵을 줘야지. 오거나 본다는 것은 또 무엇인지! P는 자기 일이 아니라고 내게 선문답이나 하는 것 같아 야속했다. 하고 싶은 말을 할 수 없는 울분, 그것은 나의 오래된 벗이었다. 아내는 집안 분위기를 가라앉지 않게 하려고 억지로 웃음을 만든다. 나는 그게 더 억울했다. 왜 이 일에 아무 상관이 없는 아내가?

오만방자하게 내 앞에 나타났다 슬며시 사라진 준석 아버지의 모습이 자꾸 내 앞에 어슬렁거린다. 그놈의 아내는 나를 은근히 협박한다. 통화 녹음도 하는 것 같다. 법정에 가면 담임교사인 내 진술이 중요한 증거가 될 수 있기 때문이다. 민사 재판으로 가서 배상금 받아내려는 것 같다. "나쁜 놈. 더러운 놈" 울분이 치밀어 올랐다. 약자의 서러움이다. 네놈의 눈에는 돈만 보이지. 뭐라고, 학생 지도를 제대로 하라고. 네놈은 부모 역할을 제대로 하고 있니. 교육청에서 학교폭력 판단이 나오기 전까지 선문답을 푸는 것 외에는 내게 방법이 없었다.

> ┊심 리 읽 기
>
> 사면초가, 진퇴양난. 이런 모호한 상태에서는 일단 판단을 유보해야 한다. 나도 그 모호함에 들어가는 것이다. 이를 모호함을 견디는 능력이라 한다. 모호함에 자신을 맡기고 혼자 있을 수 있는 능력은 고독할 수 있는 능력이기도 하다. 실타래가 엉켜 있는 모호함. 대상관계 심리학에서는 거기서 인간의 창조성도 나온다고 했다. 그때가 바로 선문답을 풀어야 할 때이다. 선문답은 서둘러 푸는 것이 아니다. 시간의 치유력을 믿고 기다리면 저절로 풀어질 때가 있다. 서둘러 거기서 빠져나오는 시도는 실타래를 더 꼬이게 한다.

6. 안 보이던 것이 보인다

　울분은 삶의 동기를 유발했다. 부모님은 형이 발달장애를 가지고 있어서 항상 아픈 형이 먼저였고 나는 나중이었다. 나는 아픈 형을 먼저 배려하는 부모를 이해했다. 그러나 어린 내 속의 울분은 해결되지 않은 감정으로 남아있었다. "엄마, 나는 형의 동생이야. 그리고 엄마의 막내란 말이야"라고 말하고 싶었다. 이 울분이 에너지가 되어 열심히 공부했다. 대기업의 생리에 적응하지 못한 울분이 힘이 되어, 힘들다는 교사 임용고시를 2년 공부로 합격했다. 지금 내 억울한 울분은 출구를 찾지 못하고 속에서 터지려 한다. 터지면 중증의 우울증에 걸리고, 그래서 자살도 한다.
　나는 지금 어떤 것에 의해 쫓기고 있다. 그 어떤 것의 사실을 객관화하면 별거 아니다. 그러나 거기에 착색된 감정은 객관화가 안 된다. 모호는 사실과 감정이 뒤섞인 상태이다. 사실과 감정이 뒤섞인 '어차피 모든 것은 끝난다'는 말이 머릿속을 징그럽게 맴돈다. 괴로움은 일찍 끝낼수록 좋다. 네이버 검색에 '자살' 그리고 '극단적 선택'을 검색했다. 내가 그런 선택을 하려는 것이 아니라, 생각으로는 거기까지 가보자는 것이었다. 그런 마음을 먹으니 의외로 마음이 담담해졌다. 용기가 생겼다. 될 대로 되라지, 나도 하고 싶은 말은 한다. 그까짓 거 죽기까지야 하겠어.

나는 거울 앞에 섰다. 마음고생 몇 개월에 얼굴에 짙은 그늘이 패였다. 어디서 많이 봤다. 어딜까? 아, 이란의 사진작가이며 영화감독인 압바스 키아로스타미의 〈체리 향기〉에서 나오는 주인공 바디였다. 우울과 무기력의 깊은 수렁에 빠져서 아무런 희망도 없이 떠돌아다니는 주인공 바디의 무표정한 얼굴이 바로 나였다. 바디는 죽을 곳과 자신의 시체를 치워줄 사람을 찾으러 다녔다. 그러다 한 노인을 만나, 말하는 사람에서 듣는 사람이 됐다. 노인이 말했다.

"나는 자살을 하려고 집을 나왔지만, 체리를 보고 마음이 바뀌었어요. 평범하고 보잘것없는 체리 한 개. 세상은 생각하고 아주 다르죠. 생각을 바꾸면 세상이 다르게 보인답니다. 낙관적으로 생각해요. 모든 것을 긍정적으로 바라봐요."

그때는 난해한 그 영화를 제대로 이해 못 했지만, 사진작가의 기량이 돋보인 압바스 키아로스타미 감독의 신비로운 영상에 반했다. 나는 그의 영화 〈그리고 삶은 계속된다〉도 봤다. 영화는 기승전결이 뚜렷한 인기 영화처럼 관객을 웃고 울리는 기교는 없다. 넷플릭스 드라마 〈오징어 게임〉과는 정반대다. 처음부터 끝까지 다 실제 일어날 수 있는 일상의 평범한 이야기들이다. 거기서 사람들이 자기감정에 빠져 미처 보지 못한 것들을 보게 해주는 영화다. 오래전에 본 이 두 영화 '제목'이 나를 치유했다. "체리가 아닌 체리 향기만 있어도 삶은 계속될 수 있다."

지금의 절망은 내가 절망이라고 느끼는 것뿐이다. 행복과 불행의 조건은 따로 있는 것이 아니라, 느낌일 뿐이다. 두 영화는 절망적 느낌을 버리면 세상에는 희망이 있다는 것을 보여준다. 모든 감정은 흐르는 강물처럼 흘러 하나로 합쳐진다. 나는 과잉 감정에 속고 있었다. 과한 책임감과 완벽하게 일 처리하려는 내 태도에도 문제가 있었다. 무엇엔가 속아서 감정의 노리갯감이 됐다. P의 말이 떠올랐다. "안 보이던 것이 보일걸. 그걸 봐. 그래야 성장해."

심리 읽기

완벽한 사람은 삶이 톱니바퀴처럼 굴러가야 마음이 놓인다. 그러나 인간의 사고와 감정은 현실과 이상, 또는 이상 그 이상의 차원을 넘나들어 서로 뒤섞인다. 톱니바퀴가 꼬이는 것이다. 이를 '모호한 상태'라고 한다. 이 상태에서 감정은 감정대로, 사고는 사고대로 논다. 이때는 어떤 선택과 결정을 다 미뤄야 한다. 심리학에서 성숙은 모호한 상태를 견뎌내는 능력이다. 진퇴양난이라 하고 사면초가라고도 하는 그 모호한 상태에서 창조적 생각이 나온다. 교사의 용기는 여기서 나왔다.

7. 그래도 삶은 계속된다

나는 이번 학기만 끝나면 다시 경기도 외곽 중소도시로 전근을 요청하려 했다. 여기 오려는 교사는 많아서 타지로 전근은 어렵지 않을 것이다. 그러나 여기서 체리를 못 봤다면 저기서도 체리를 못 본다. 여기서 삶이 계속되지 않는다면 저기서도 삶은 계속되지 않는다. 체리 향기는 어디에나 있고, 삶은 여기서나 저기서나 계속된다. P의 말대로 나는 안 보이던 것을 보기 시작했다.

> **심리 읽기**
>
> 인생에서 퇴행적 선택은 매우 현실적 선택으로 오도되기도 한다. 여기가 힘들어 피할 것이 아니라, 힘든 여기서 버티는 내공을 키우면 그는 일취월장 성장할 것이다.

8. 당당히 할 말을 하다

　이런 깨달음에 이르자 마음속에 두려움이 없어졌다. 양쪽 부모 모두에게 연민과 동정을 가질 수 있었다. 아들이 인생의 전부인 것처럼 사는 저분들은 필경 인생에서 가장 좋은 무엇을 아직 발견하지 못했을 것이다. 지금의 행위는 그것을 찾으려는 몸부림의 하나일 것이다. 그들은 지금 아들에게 집착함으로써, 아들은 부모 마음대로 할 수 없는 존재임을 고통스럽게 배우고 있는 것이 아닐까? 그 후 준석이 엄마가 우리 준석이, 우리 준석 할 때마다 그녀가 불쌍해 보였다. 그녀는 자기의 삶은 없고, 아들의 삶을 자기의 삶으로 착각하고 있는 것은 아닐까? 그러자 그녀에게 측은지심이 생겼다. 내 안에서 어떤 힘이 불쑥 올라왔다. P가 말했다. "그것은 두려움을 이겨내는 사랑이야." 나는 외쳤다. "그래, 사랑은 힘이다." P가 말했다. "됐어. 이젠 됐어."

　교육청 학교폭력위원회는 '가해 학생 급식 봉사 3일'을 판결했다. 내가 볼 때는 가장 합리적인 판단이다. 가해 학생은 자신의 과잉행동을 되돌아볼 것이고, 피해 학생은 자신의 과한 반응을 되돌아볼 것이다.

　가해 학생 어머니에게 전화가 왔다. "선생님, 그동안 고생 많이 하셨습니다. 괜한 신경 쓰게 해드렸습니다." 나는 다른 때 같으면 못 할 말을 했다. "어머니, ○○○의 언행이 좀 과한 편입니다. 심리 전문가와 상담 한 번 해보세요."

피해 학생 아버지에게 전화가 왔다. "선생님, 이건 너무 불합리한 결정입니다. 이 일로 우리 온 식구가 피해를 보고 있습니다. 가만히 있지 않을 겁니다." 나는 당당히 말했다. "무엇이 준석이의 인성 형성에 도움이 될 것인지를 먼저 생각해 주시면 좋겠습니다. 지금 준석이는 교실 분위기에 적응하려 노력하고 있습니다. 잘하고 있습니다. 완벽하지 않은 환경이 아이를 성장시킵니다."

나는 치맛바람으로 유명한 이 학교를 자진해서 떠나지 않을 것이다. 학교는 학생들만의 학교가 아니라 교사의 학교이기도 하다. 교장 선생님이 나를 불렀다. 이번에는 교장 선생님에게 당당히 할 말을 하기로 했다. 내가 말하기도 전에 교장 선생님이 먼저 말씀하셨다.

"할 말을 하나, 하지 않으나 교사의 소임은 계속된다네. 비굴하게 살 필요는 없지. 이번에 사고를 대하는 김 선생의 태도를 보고 20년 전 내 모습이 떠올라 흐뭇했네. 그날 준석 아버지에게 내가 하고 싶었던 말, 대신해줘서 고마워. 그래도 총대는 젊은이가 메야지." 우리는 이심전심으로 씁쓸한 미소를 지었다. 나도 한마디 했다. "교장 선생님, 학교는 학생들만의 것이 아니라 교사들의 것이기도 합니다. 교사들의 권익을 위해서도 노력해 주세요."

이렇게 당당히 할 말을 하니 박탈감도, 죄책감도, 두려움도 없어졌다. 두려움은 할 말을 당당히 하지 못해서 생기는 감정에 불과하다. 할 말을 당당히 하는 사람은 그 말에 책임질 배짱도 생긴다.

심리 읽기

　사람이 느끼는 감정은 크게 두 가지, 사랑과 두려움이다. 두려움은 두려움을 낳지만, 사랑은 두려움을 이긴다. 모든 사람은 완벽하지 않은 엄마의 양육을 받으며, 불가피한 사랑의 상처를 받는다. 이를 일차적 외상이라 하고, 그 결과 나와 타자 사이에는 관계의 거리감이 생긴다. 이 거리의 주인공은 분리불안이다. 이 거리감 또는 분리불안은 두려움을 양산한다. 이 두려움은 사랑의 실패에서 나왔기에 사랑으로 극복할 수 있다. 교사의 엄마는 장애를 가진 첫째 아들에 집중했고, 어린 시절에 엄마를 형에게 빼앗긴 교사는 일찍 철이 들었으나 분리불안이 있었다. 학교 폭력사건으로 양쪽 부모의 강압을 받으며 그의 무의식에 있던 분리불안은 의식적인 것들이 되어 그의 의식을 범람했다. 교사는 두려움의 바닥으로 내려가서야, 그 바닥을 치고 나와 사랑의 힘을 배웠다.

4장

너무 애쓰며 살지 말자

나는 신이 내렸다는 직장에 다니나,
진급 심사에는 여러 번 탈락했다

1. 나는 원래 그런 사람이다

　남자의 갱년기, 남자도 중년이 되면 호르몬에 변화가 온다. 처음 경험하는 몸과 마음의 분리 같은 것이다. 중년 남성의 일탈 심리는 '몸 따로 마음 따로'로 설명할 수 있다. 전에 없던 낯선 부조화인가, 아니면 전부터 내 인격 안에 있던 것이 사회화 과정에서 억압됐다가 불쑥 튀쳐나온 것일까? 나는 정신과를 찾았다. 의사는 회사만 가면 불안해지고 가슴이 뛴다는 말을 듣고 심리검사를 했다. 공황장애 증상을 동반한 우울증이라고 진단을 내려줬다. 코로나 기간에 많은 중년 남성이 걸린 병이고 약을 잘 먹으면 좋아지니, 너무 걱정하지 말라고 했다. 말로만 듣던 우울증과 공황장애라고, 내가?

　직장에서 회식이 있었다. 팀장은 2차에 3차까지 작심하고 돈을 썼다. 공적 예산보다 훨씬 웃돈이 들었다. 다들 거나하게 취해 기분 좋게 집으로 돌아갔다. 다음 날 아침, 팀장은 어제 술값으로 끊은 영수증을 내게 들이대며 말했다. "경비 처리해." 영수증을 보니 어제 하루 지출 비용이 아니라 날짜 별로 가지 않은 곳의 영수증까지 만들어 적당히 구색을 갖추었다. 나는 팀장의 얼굴을 올려다봤으나 팀장은 나를 거들떠

보지도 않고 제자리로 돌아갔다. 나는 회식으로 쓸 수 있는 정해진 비용 외, 초과 비용을 회식에 참석한 직원의 수대로 나누어 개인 톡으로 보냈다. 그러자 바로 팀장이 불러 갔다.

"너 또 왜 그래?"

"제가 원래 그럽니다."

"원래…"

"네…"

"가 봐."

내 톡을 받은 동료들은 혹시 모를 일에 자기방어를 해야 하니 대놓고 불평하지는 않았다. 그러나 이 낯선 상황에 나를 비웃는 말을 은근히 한 마디씩 던졌다. 가장 많이 들은 말이다. "잘났어." 나는 대꾸했다. "나 원래 잘났거든."

공기업에서 이런 일은 흔하다. 그것도 회사의 불문법이니 준수하는 것이 직장생활에 편하다. 그래서 손해 볼 것은 없다. 반복되는 이런 일에 나의 의협심은 분노로 바뀌고 있었다. 참느냐 터뜨리느냐, 그것이 문제로다. 그걸 터뜨리는 바보는 조직에 없다. 이 회사에 들어온 지 10년이 훨씬 넘었다. 회사 돌아가는 것 좀 안다. 그동안은 조직에 순응했으나, 지금부터는 맞춰 살고 싶지 않다. 그러면 따돌림을 당하는데! 그래도 좋다.

세상은 원래 나대로 사는 것을 허락하지 않는다. 세상 돌아가는 이치가 원래이고 나는 거기에 따르면 된다. 다들 그렇게 산다. 하지만 나는 저급한 무리에 들어가 타협하면서 살고 싶지 않다. 나만의 정직을 구현하고 싶다. 리처드 바크의 소설 《갈매기의 꿈》에 나오는 조나단처럼. 조나단은 얼마나 외로웠을까. 높이 올라가면 집단과 멀어져 언제 떨어질지 모른다. 공황장애와 우울증을 각오해야 한다. 그렇다고 부두에 널브러져 있는 고기 싸움이나 하고 싶지는 않다. 갈팡질팡하는 나는 머리가 터질 것 같다. 수면 장애가 일어났다. 세상이 싫고 사람이 싫다. 혼자 식탁에 앉아 술을 먹은 횟수가 늘어났다.

회사에 가면 세상에 대한 나의 분노를 동료들이 눈치챌 것 같아서 불안하다. 나는 '원래'라는 말을 눈에 띄게 많이 사용한다. "나는 원래 그래." 내 말에 질린 아내가 말했다. "당신이 원래 그런 것이 아니라, 마음의 병이야. 정신과 진료받아 봐." 아내는 환자들이 많이 몰리는 소문난 정신과 의원에 예약까지 해줬다.

아내가 가보라고 성화여서 갔다. 심리검사 문항은 마음먹기에 따라 결과를 다르게 나오게 할 수 있을 것 같다. 이런 검사로 정신과 진단을 내리다니! 그 결과에 따라 약물 처방을 내려줄 것이고. 역시 세상은 믿을만한 곳이 못 된다. 의사의 진단에 나는 웃으면서 말했다. "저는 원래 우울한 기질의 사람입니다." 의사가 말했다. "증상을 피해 가며 문항에 답을 하셨더군요."

> 심리 읽기

 중년의 내적 리뉴얼은 '나 이제부터는 이렇게 살지 않을 거야' 하는 다짐으로 시작된다. 그런 다짐은 지금 여기서 직장 혹은 가정을 배경으로 시작된다. 아직은 이전 상태이고, 새로운 상태는 보이지 않는다. 그 과도기에 중년은 홍역을 앓는다. 중년에 앓는 마음의 홍역은 그의 가장 취약한 정신을 파고든다. 남자가 가진 은둔형 외톨이 성향, 그의 중년 홍역은 그것과 직면하면서 시작됐다.

2. 세상은 원래 그런 곳이다

　어린이가 엄마에게 학교 가기 싫다고 투정을 부리듯, 나는 아내에게 사직하고 싶다고 투정을 부렸다. 듣다 지친 아내는 그러면 나라도 일자리를 알아봐야 한다고 했다. 남매를 낳은 후 경력 단절이 됐으니, 쉽게 할 수 있는 것은 보험 판매라고 했다. 아내는 내가 제일 싫어하는 여성 직업이 보험 판매라는 것을 잘 안다. 아내가 무언으로 하는 협박이다. '너, 까불지 말고 신이 내린 직장이니 잘 다녀.'
　아내는 나를 소비재로 즐기는 것 같다. 내가 벌어다 주는 적지 않은 봉급으로 아이 학교 자모 모임과 친구 모임 등을 즐긴다. 백화점 옷을 즐기고 각종 친정 모임에 빠지지 않는다. 요즘은 학창 시절에 하고 싶었으나 하지 못한 그림 그리기 취미에 불이 붙어 있다. 부잣집 딸로 자랐다고 부잣집 아내인 줄 착각하나. 나는 아내도 믿을 수 없다. 아내도 회사도 다 나를 이용만 한다.
　아내가 입에서 신물이 나도록 한 말이다. "세상은 원래 그런 거야. 잘난 척하지 마." 나도 입에 신물이 나도록 말했다. "나는 원래 그래." 아내는 화를 낸다. "당신이 세상에 맞추라고. 다들 그렇게 살아." 아내의 목소리는 갈수록 커졌고, 긴 한숨을 몰아쉬곤 했다. 최근에는 내 힘든 이야기를 아예 듣지 않는다. "됐어, 그만해." 그리고 아내의 아지트인 알파룸으로 팽하니 들어간다. 아내가 나에게 붙여 준 별명은 '무쇠로 만든 마네킹'이다. 일명 '무네킹'이라 한다. 나는 원래 그런 사람이다.

"그러지 말고 우리 이혼하자. 부네킹보다 혼자가 낫다. 내가 밖으로 도니까, 아이들 키우고 우울증에 안 걸리고 사는 거지. 내 속을 알아? 하긴, 자기 속도 모르는 사람이 남 속을 어떻게 알겠어." 아내는 화나면 가끔 이혼 카드를 꺼낸다. 진심이라기보다는 협박이다. 당신과 대화할 필요가 없다는 것이다. 이혼은 내가 먼저 꺼낼 카드지, 자기가 뭘 했다고 이혼을 들먹이나. '힘든 남편 편드는 것이 돈 드나. 싸구려 훈계나 할 줄 알면서.'

요즘, 고등학생인 남매는 부모 말다툼에 끼어들어 엄마를 거든다. 이러다가 정말 콩가루 집안이 될 것 같아, 집에 들어오면 아예 말을 하지 않는다. 세상이 변하지 않는 한, 살아갈 희망도 없다. 원래 인생이 무상하다. 원래가 무상하니 해결도 무상하거나 없다. 버티다가 견뎌내기 힘들면 빨리 끝내는 것도 정답이다. 삶이 다 그렇고 그런 것이지. 나는 더 공허해졌다. 엘리베이터만 타도 가슴이 답답한 증상이 추가됐다. 아침과 저녁으로 복용하는 정신과 약물은 늘어났다. 우울감은 확실히 줄었는데, 멍해지는 시간은 많아졌다.

내 승용차 라디오 주파수는 클래식 음악방송에 맞춰져 있다. 출퇴근 길마다 볼륨을 크게 해놓는다. 나는 교향악단의 연주에서 첼로 소리를 분리해서 그 소리에 집중한다. 다양한 관현악기의 연주에서 클로즈업되는 첼로 소리는 나를 위로한다. 첼로 소리는 남성 톤과 가장 유사한 톤이다. 내 유일한 낙이고 사는 이유이다.

심리 읽기

중년의 방황은 아동 청소년 시기로 돌아가, 그 시기에 미진한 과제를 다시 성취하려는 욕망으로 나타난다. 나는 누구인가로부터 시작해 인생은 무엇인가를 경유하고, 그럼 나는 어떻게 살아야 하는가로 귀결한다. 따라서 그 시기에 내면으로의 퇴행은 불가피하다. 성인의 퇴행 행동은 가정에서, 특히 배우자에게 적나라하게 드러난다. 그래도 배우자가 편하기에 퇴행한 모습을 보이지만, 그렇다고 밖에서까지 퇴행한 행동을 보이는 것은 아니다. 사춘기를 억압하고 보낸 중년의 퇴행은 청소년의 이유 없는 반항 같은 것이다. 해법은 각자의 내면에서 찾아야 한다. 남자의 순수한 생각과 행동은 사회에 저항하는 것으로 나타나지만, 그런 과정을 거쳐 현실과 이상을 조화시키는 법을 체득한다.

3. 아들에게서 나를 보다

　사춘기 때에 심각하게 고민했던 '자살 카드'를 다시 꺼내 들었다. 그때나 지금이나 나에게 살아야 할 이유는 늘 의문이다. 자살, 어렵지 않다. 마음만 먹으면 한다. 단 5분이면 이 모든 고통에서 해방된다. 나는 무신론자이고 유물론자이다. 죽으면 한 줌의 흙으로 돌아갈 것이고, 지금 내 앞에서 전개되는 괴로운 인생 프로그램은 정지할 것이다. 누군가 내 뒤를 이어 내가 남긴 괴로운 프로그램을 돌리다 그도 괴롭게 돌아갈 것이다. 생은 허무하다.
　'시월의 어느 날' 노래가 울려 퍼지던 '시월의 어느 날'이었다. 나는 자살을 시도하려고 일찍 조퇴하여 빈집에 들어왔다. 서랍장 서랍 밑에 숨겨둔 도구를 꺼냈다. 줄을 목에 거는 순간 내 몸에 전율이 왔다. 나는 이제 완전 해방이다. 약육강식과 온갖 권모술수가 판을 치는 이 치사하고 더러운 경기장을 나는 떠난다.
　나는 천정에 줄을 맬 곳을 찾아 의자에 올라갔다. 천정에 줄을 매고 의자를 밀어내려는 순간, 제일 일찍 귀가하는 중학교 3학년인 아들의 심통 난 얼굴이 떠올랐다. 엄마와 단짝이 되어 항상 밝은 딸과는 달리 아들의 표정은 어두웠다. 그 표정은 내가 그 나이였을 때에 꼭 내 표정이다. 내가 이렇게 죽으면 죽는 방법도 아들에게 고스란히 물려주겠지, 하는 생각이 번개처럼 뇌리를 스쳤다. 소름이 돋았다. 나는 이 야비한 경기장을 일찍 떠나지만, 그래도 자식은 오래 남아 승리하고 즐기기를 바라는 것이 아비의 마음이다. 내가 죽는 것은 두렵지 않다. 그러나 아들은 내 죽음을 따라 하면 안 된다. 이것이 부성이다. 나는 목을 풀고 의자에서 내려왔다. 무슨 염세적 인생 철학을 열변하다, 그만 혈육지정에 꼬리를 내렸다.

자살 카드를 안주머니 깊게 넣고 다닌 청소년 시절, 아들도 그럴지 모른다. 만일 나의 가정이 조금만 따뜻했다면, 나는 그 카드를 버렸을 것이다. 그 시절 집은 내게 지옥과 같았다. 내가 아버지라도 당시 가정 상황을 반전시킬 카드는 없었을 것이다. 나는 아들을 위하여 중대 결심을 포기했지만, 아들을 대하는 나의 태도는 전과 다름없이 냉랭했다. 사람은 쉽게 바뀌지 않는다고 했다. 절친 P가 말했다.
"아들에 대한 연민이 아니라, 너 자신에 대한 연민이야. 너 자신에 대한 연민을 아들에게 투사한 거야."
나 때문이라니, 아직도 내가 나를 위한 것이 있단 말인가. 다 포기한 줄 알았는데. '그럼, 나는 아들을 위하지 않는단 말인가?'
P는 동문서답했다.
"사람은 투사하는 존재이다. 그러니까 살고, 그러니까 서로 싸움도 한다. 너는 아들이 아닌 너를 불쌍히 여긴 거야. 알아?"

"투사가 살린다고?"

"쉽게 설명해 볼까. 이태백은 외로움을 달에 투사하여 시를 읊으며 시인으로 살 수 있었어. 만일 외로움을 투사할 달이 없었다면, 그 외로움은 그의 심장을 도려냈을 거야. 보름달이 뜬 어느 날, 만취한 그는 술상이 차려진 정자 밑 깊은 강으로 뛰어들었겠지. 그의 외로움을 받아줄 달이 그를 살린 거야."

나는 정신이 바짝 들었다.

"그럼, 내가 세상을 원망하는 것은 나에 대한 원망을 세상에 투사한 것인가?"

P는 고개를 끄덕였다.

심리 읽기

타자의 연민을 받고 싶은 마음은 본능이다. 이 본능은 역으로도 나타난다. 즉 내가 타자를 연민하면서 내 연민을 위로하는 것이다. 사람이 유년기에 부모로부터 받은 애착은 완전하지 않다. 그 부족분이 있어서 그것을 타인에게 투사하면서 타인과 따뜻한 관계를 맺어가는 것이다. 부족한 애착이 너무 과하게 느낀다면? 그는 세상과 타자에게는 눈이 어두워지고 자기연민에 사로잡힌다. 자기 연민의 극단은 자살이다. 남자는 사춘기에 꺼내 든 자살이란 미해결 과제를 '사추기'에 다시 꺼내 들었다. 이 남자는 죽어야 산다. 육체적 죽음이 아니라, 어두운 과거의 기억으로부터 죽어야 다시 태어난다.

4. 아버지의 말씀은 신탁이었다

나는 지금도 아버지 직업이 무엇인지 정확히 모른다. 그때그때 일이 있으면 나가셨고, 아니면 집에 계시거나 엄마 일을 도왔다. 엄마는 경제적으로 무능한 아버지 대신에 고육지책으로 떡집을 하셨다. 그 지역에서 제일 잘 되는 떡집이 됐다. 아버지는 사법고시 낙방생이다. 아는 것이 워낙 많았다. 법률과 관련된 시간제 일을 하신 것으로 기억한다. 나는 아버지에게 영어와 수학을 배웠다. 이때 받은 상처로 나는 아들에게 공부하라고 강요하지 않고, 가르치지도 않는다.

아버지와 어머니의 관계는 정말 묘했다. 아버지는 어머니에게 경제적으로 종속됐으나, 권위로 어머니를 눌렀다. 아버지는 가족을 위하여 몸 쓰는 일에 뛰어든 어머니를 무시했다. 두 분의 싸움이 격해지면 아버지는 '떡이나 치는 여자가'하는 말을 서슴지 않게 했다. 사법고시에 합격한 아버지 친구들의 세련된 아내와 비교한 것이다. 아버지는 자존심만 강할 뿐 현실 인식은 제로에 가깝다. 어머니가 갱년기를 거치면서 목소리가 커지기 전까지, 아버지는 집안의 군주이며 한량이었다.

아버지는 옳고 그름이 분명했고, 당신의 판단을 신탁 수준으로 신뢰했다. 중학교 3학년 때였다. 나는 우리 집에서 절대 일어나면 안 되는 가출을 이틀이나 한 적이 있다. 아버지를 한번 이겨보자는 반항이었고, 떡집 일로 바쁜 엄마에게 나의 사춘기 방황을 보여주고 싶었다. 결과는 나의 참패로 끝났다. 아버지는 매서운 회초리로 나의 종아리를 인정사정없이 후려쳤다.

그때 맞은 종아리로 나는 아버지에게 마음 문을 닫았다. 아버지는 그런 나를 고분고분해졌다고 좋아하셨다. 매의 효과를 신뢰한 아버지는 당신의 잔인한 방법에 흐뭇한 미소를 지었다. 당신 친구들과 술자리에서 자식 교육 방법을 자랑삼아 말씀하셨다. 나는 얼마나 수치스러웠는지…, 나는 맞은 매 이상으로 아버지에게 보복하고 싶었다. 고분고분해진 것이 아니라 아버지와 나 사이에 높은 담장을 하나 세운 것이다. 종전이 아니라 휴전이었다. 사람의 감정은 한 톨만큼도 이해 못 하는 아버지는 법의 자구만 아는 무지한 분이다. 나의 사춘기는 아버지에 대한 분노를 키우는 시기였다. 그때 아버지가 나에게 다가와 내 분노를 달래주었다면, 나는 지금처럼 세상을 부정적으로 보지는 않았을 것이다. P가 말했다.

"세상을 그런 분노의 눈으로 보는 것, 너는 그것이 세상의 진실이라고 믿고 싶겠지. 하지만 진실은 너의 편집적 신념을 포기할 때에 조금씩 깨달아지는 거야. 진실은 분노하지 않아."

| 심리 읽기 |

 자녀의 첫 번째 세상 경험은 엄마의 품이다. 두 번째 세상 경험은 아버지의 훈령 또는 원리이다. 그런데 그 아버지가 엄하고 두려웠다면, 아들은 세상을 엄하고 두려운 대상으로 본다. 이를 오이디푸스콤플렉스라고 한다. 엄마의 품은 성격의 기초이고, 아버지 표상은 세상에 대한 태도가 된다. 청소년의 가출은 엄마의 따뜻한 관심을 요청하는 것이며, 두려운 아버지로부터의 해방이다. 가출 충동이 중년에는 충동적 사직으로 나타나기도 한다. 청소년의 방황은 부모만 흔들리게 하지만, 중년의 방황은 가장의 방황이라 가족 전체가 흔들린다.

5. 엄마는 아버지로부터 해방됐으나 내 엄마는 아니었다

가족의 절대 군주인 아버지를 갱년기 어머니는 이겼다. 어머니는 떡집 일이 좀 한산해지자 그 남은 시간을 가정에 헌신하지 않았다. "나도 삶에 지쳤다. 지금부터 내 인생을 살고 싶다." 어머니는 주말마다 외출 빈도가 늘었다. 기초 화장품만 있던 화장대에 갖가지 브랜드 화장품이 놓이기 시작했다. 옷은 다 떨어질 때까지 입고, 시장 옷만 사시던 어머니가 백화점 옷을 사들이기 시작했다. 덕분에 나도 백화점 옷을 입었다.

갱년기 이후로 어머니는 아버지에게 해방됐다. 경제적 실권의 힘이었다. 커진 어머니 목소리에 비해 아버지의 목소리는 점점 작아졌다. 까칠해진 어머니에 비해 아버지는 조금씩 부드러워졌다. 어머니가 아버지를 이겨내자, 두 분의 말다툼은 새로운 국면으로 들어섰다. 나는 두 분의 감정에 엮이고 싶지 않아, 공부한다는 핑계로 자정이 다 돼서야 집에 들어갔다.

어머니는 많아진 시간을 자신을 위해서 쓰는, 내게는 가깝지만 먼 분이다. 모성을 자식 사랑이 아닌, 자기만족의 수단으로 쓰시는 분이다. 그랬기에 어머니는 있으나 없으나 한 남편에게 집착하지 않고 당당히 자기로서 사실 수 있었다. 가정환경에서 내가 배운 것은 사람은 다 자기만족으로 사는 존재이니, 사람에게 기대하는 것은 실망의 지름길이요, 어리석음의 극치라는 점이다. 내가 있고 나서야 가족도 있는 것이다.

나는 정을 일찍 포기한 사람이다. 어머니가 나를 대하는 방식, 나는 그 방식으로 여동생을 대했다. 이를 보고 엄마가 말씀하셨다. "네가 동생 대하는 것을 보면 직장 상사가 아랫사람을 대하는 것 같다." 나는 부인하지 않았다. 그런데 웃음이 나와서 나도 응수했다. "엄마는 저에게 직장 상사예요." 엄마의 얼굴색이 변했다. 이후로 자식을 대하는 엄마의 태도는 조심스러워졌다. 정을 주려고 애쓰는 모습이 보였으나, 그것은 마음을 먹는다고 되는 것이 아니다.

심리 읽기

남녀를 불문하고 모든 사람의 심리적 바탕은 여성성이다. 모성은 가족을 하나로 뭉치게 하는 강력한 접착제 같은 존재이다. 모성이 해체되면, 가족도 해체된다. 소위 콩가루 집안이 된다. 그러나 한 가족사를 살펴보면 제대로 된 콩가루가 또한 단단한 두부를 만들기도 한다. 생애 주기 중 매우 중요한 청소년기에 모성이 해체됐다면, 중년에는 해체된 모성을 다시 복구하려는 시도가 일어난다. 시도의 첫 단계가 그동안 살아오려고 쌓아놓은 방어기제의 해체이다. 그 자리에 참 자기가 자리 잡기 전까지, 내적 홍역은 불가피하다. 이 시기에 조심할 것은 극단이다.

6. 너무 마음 쓰며 살지 마라

아내가 나에게 말했다. "당신은 불통이야." 아들이 말했다. "아빠는 꼭 학교 선생님 같아." 이 말이 몹시 불쾌했다. 정곡을 찔렀기 때문이다. 내가 나 됨을 부모에게 책임을 전가했듯이 가족은 자신들의 불만을 나에게 책임을 전가한 것이다. 사람 나이 사십이 되면 얼굴에 책임을 져야 한다는 링컨의 말은 그 나이가 되면 부모 탓을 멈추고 책임 있는 존재가 되라는 말과 통한다. 나이 사십오가 되면 태도에 책임을 져야 한다. 나이 오십에는 삶에 책임을 져야 한다.

이제, 부모님은 실버타운에 가셨다. 고시 불합격의 비운으로 평생 한을 품고 살아온 아버지에게 일찍 치매가 시작됐다. 어머니는 유방암 수술을 받으셨으나 관리를 잘해 건강을 잘 유지하고 계신다. 그분들도 지금의 나처럼 힘든 삶을 이어오신 분이다. 내 앞에서 항상 당당하셨던 부모의 나약한 모습을 보니, 그런 부모를 원망한 내가 어리석었다. 사람은 역설적 존재다. 내 우울감과 세상에 대한 원망이, 노년의 부모를 이해하는 자원이 될 줄이야.

돌아보니 중학교 가출부터 시작하여, 고등학교로 이어진 나의 보이지 않는 반항은 가족 모두가 뿔뿔이 흩어진 가족 우울증의 단면이었다. 그 우울한 분위기에서 나는 일찍 정서적 독립을 해야 했고, 아버지는 당신의 실패한 삶을 원망하셨고, 어머니는 지지리도 남편 복 없는 당신의 삶을 즐거움을 찾아 달랬다. 오래전 나의 부모님이 겪었던 그 일을 지금 내 가족도 겪는 것이다. 이러한 통찰이 오기 시작하자 P가 말했다. "너를 찾을 시간이 다가온 거야. 행동은 통찰 다음에 온다."

나는 부모가 계신 실버타운을 찾았다. 때맞춰 그 시간에 치매 증상이 온 아버지는 나를 알아보지 못했다. 아버지는 나를 물끄러미 쳐다보시곤 한마디 하셨다. "아가야, 이거 먹어라. 너 주려고 먹지 않았다." 아버지는 거실 소파 한쪽에 쌓아둔 사탕을 내게 주셨다. 눈에는 안구 건조증으로 눈물이 고여 있었다. 아버지의 병시중을 드시는 어머니는 몹시 지쳐 보이셨다. 그래도 묵언 수행하듯, 그 일을 묵묵히 해내시는 어머니가 위대해 보였다. '그런데 내가 극단적 생각을….' 다 내 감정에 사로잡힌 자기 연민에 불과하다. 실버타운 정문까지 따라 나온 어머니가 말씀하셨다.

"저 양반 평생 나를 괴롭힌다. 사람이 한을 품고 살면 치매 걸릴 확률이 높다더라. 너의 아버지 말이야. 고시 떨어졌으면 고시만 떨어진 거지, 인생 전부가 떨어진 것은 아니잖아. 자기 인생을 고시 아래에 놓고 한을 품었으니, 평생을 열등감으로 살았지. 그 열등감을 숨기려고 쥐뿔도 없으면서 권위만 내세웠어. 안과 겉이 다르니 치매가 빨리 온 거야. 나라도 저 사람이 쳐놓은 감옥에서 탈출했으니 망정이니, 아니면 나도 치매 걸렸을 것이다. 사람은 다 살게 마련이다. 너도 너무 애쓰며 살지 말라. 그냥 가볍게 살아. 이 또한 지나간다고 했다."

　어머니는 당신에게 하고 싶은 말을 내게 하셨다. 그런데도 얼음처럼 차갑고, 돌덩이처럼 무거운 내 안의 묵은 감정이 봄날 햇빛에 눈 녹듯 녹아내렸다. 그때는 이해할 수 없었던 부모를 비로소 이해하게 됐다. 다들 인생의 무거운 짐을 지고 살아간다, 내 것만 특별히 무겁다고 생각하지 말라. 캄캄한 동굴에서 나오니, 저만치 앞에서 밝게 솟아오르는 한 줄기 빛이 있었다. 내가 원망한 과거의 가정사는 잘못됐거나 운이 없어서가 아니다. 내 인생의 일부일 뿐이다. 일부로 전체를 보면 안 된다. '나는 원래 그런 사람이다.'

심리 읽기

　'사추가' 변화에 뒤따라오는 것은 부모 표상의 변화이다. 중년이 되어 아내를 두고 아이를 키우다 보니, 이해할 수 없었던 부모를 조금씩 이해하게 된다. "아, 그래서 그랬구나." 부모는 그대로다. 그러나 내 무의식에 내면화된 부모 표상은 변한다. 이때 더는 부모의 감정과 뒤섞이지 않는다. 부모를 감정적으로 떼어놓는 것이다. 참된 연민은 대상과 탈동일시를 함으로, 자기감정에 사로잡히지 않는 연민이다. 그는 세상에 다시 태어날 것이다. 이것은 제2의 탄생이다.

7. 드디어 동굴 밖으로 나왔다

　나는 모든 사람이 부러워하는 소위 '신이 내린 직장'에 다닌다. 나는 열심히 공부했듯이 열심히 일하는 사람이다. 그런데, 진급 심사에서 번번이 떨어진다. 귀띔으로 듣는 이유는 대인관계가 원만하지 않다는 것이다. 나는 인정한다.

　나는 일에 빠지면 온갖 불쾌한 감정과 극단적 사고는 침잠된다. 일은 나쁜 감정의 시비가 없는 안전한 공간이다. 나는 일 중독자를 이해한다. 나는 공부 중독자였고 일 중독자였다. 솔직히 말하면 나는 열심히 일하는 사람이기보다는 사람과 관계 맺는 것이 두려워서, 내 허전한 감정을 조금이라도 숨기려 열심히 일했다. 그러니 열심히 일하고도 그 일의 결과로부터는 소외됐다. 일로 평가하면 나는 벌써 부서장이 돼야 한다. 그러나 나는 진급 심사에서 여러 번 탈락했다.

　중간 관리자가 되어 사람을 다스리는 자리에 있자, 숨겨왔던 나의 무능이 전면에 드러났다. 그 자리에서는 사람의 마음을 얻지 못하면 일로 승부를 낼 수도 없다. 나는 홀로 일 잘하는 사람이 아니라, 일을 잘하게 하는 사람이어야 한다. 그러려면 관계 안으로 들어가야 한다. 나는 그것이 두려워 세상을 두려운 곳, 박해자가 득실거리는 곳으로 만들고, 나만의 순결을 보호하는 방어기제를 씀으로 관계를 피한 것이다. 동료들은 나를 일 잘하는 사람이 아니라 성격이 이상한 사람으로 봤다. 매번 진급 심사에서 탈락한 이유다.

일찍 퇴근한 어느 날, 아내는 내가 온 줄도 모르고 안방에서 휴대폰 통화를 하고 있었다. "네가 내 입장이 돼 봐라. 마네킹하고 사는 거다. 그것도 무쇠로 만든 무네킹. 딴짓이야 안 하지. 아니 못 해. 차라리 딴짓이라도 했으면 좋겠어. 그러면 차라리 사람 같게. 이래서 이혼도 하나 봐. 내 남은 생을 낭비하고 싶지 않아. 가족 분위기를 잡아먹는 하마면서, 저만의 싸구려 철학에나 충성하고 있어. 더 나이 들면 완전 꼰대 노릇을 할 텐데. 우리 부부관계 안 한 지 오래다. 나도 여자야. 왜 애인 생각이 없겠니?"

통화 후 방에서 나온 아내는 거실에 있는 나를 보고 잠깐 당황했으나 아무렇지도 않은 듯 나를 대했다. 무쇠로 만든 마네킹에게 무슨 감정이 있겠느냐는 식이다. 내가 들었을지 모를 이혼과 애인 이야기를 하고도 아무렇지 않게 나를 본다! 나를 정말 무네킹으로 보는 건가. 이건 간단한 문제가 아니다. 전 같으면 아무렇지도 않게 들었을 '이혼과 애인'이 몹시 거슬렸다. 나는 무네킹에서 감정이 살아있는 '살네킹'으로 변하고 있었다.

나는 웃음이 나왔다. 아내는 어이없어했다. "웃을 줄도 아네." 나도 말했다. "나 살아있거든. 복잡하게 이혼은 무슨…. 그냥 애인 하나 만들어 나에게 소개해 주고, 아이들에게 삼촌이라고 소개해 주고, 얼마나 좋은 일이라고."

아내는 이상한 눈빛으로 나를 쳐다봤다. 나는 크게 웃었다. 얼마 만에 웃는 큰 웃음인지! 아내는 거울 앞에서 화장을 고치고 어디 간단 말도 없이 현관문을 열었다. 나는 뒤에다 대고 소리쳤다.

"오늘 외박해도 괜찮아."

아내는 고개를 돌리며 내 표정을 살폈다.

"당신 미쳤어."

"맞아. 미쳤지. 그래서 당신이 정신과 예약도 해줬잖아. 어설프게 미쳤거든. 이제부터 제대로 미쳐 보려고. 당신도 어설프게 미치지 말고 단단히 미쳐 봐. 제대로 미치면 세상에 두려울 것이 하나도 없어. 그땐 이혼도 하고 애인도 만들겠지."

이를 지켜보던 아들은 특유의 심각한 표정으로 나를 쳐다보고는 엄마 뒤를 따라갔다. 저 표정, 그때 내 표정과 똑같다. 가만히 보니 아들도 나처럼 무네킹이다. 웃음이 나왔다. 난 혼자 남았다. 이상하게 마음이 편했다. 실버타운에서 나를 따라 나오면서 어머니가 하신 말씀이 떠올랐다. 아들에게 톡을 보냈다. "공부하기 힘들지. 사람은 다 살게 마련이야. 너무 애쓰지 마라." 아들이 답톡을 했다. "헐, 뭐래…"

> 심리 읽기

성숙의 많은 징표 중 하나가 유머이다. 심리학자 칼 융과 하인즈 코헛은 유머를 성숙한 사람의 능력으로 봤다. 항상 진지한 사람은 유머를 못 쓰는 것이 아니라, 유머를 사용할 능력이 없다. 유머는 복잡한 인생 다반사를 단순하게 바꿔주는 힘이 있다. 삶이 진지할수록 유머는 더욱 빛난다. 성숙한 사람의 유머에는 인생의 교훈이 있다. 그러나 유머는 자기방어의 수단으로도 사용된다. 유머를 사용 능력에 따라 그 사람의 성숙도를 진단해도 크게 틀리지는 않다. 늘 진지한 표정으로 가족을 대했던 그가 이혼이니 애인이니 하는 말을 유머로 사용한 것은 내면에 변화가 왔다는 징표이다.

8. 세상은 내가 생각한 대로 된다

세상에 대한 인식을 바꾸어 놓은 또 하나의 사건이 있었다. 나는 서울 생활을 청산하고 삶의 환경을 바꾸고 싶어 고향 집 근처로 이사를 준비하고 있었다. 새해 인사이동 시즌에 고향 집과 가까운 지사로 전근도 신청했다. 전근 신청서에는 그 이유를 소상히 밝혔다. 입사 동기인 인사 담당자에게 전화가 왔다. 그곳으로 전근하려는 직원의 수요가 초과했으니, 그곳 부서장에게 한번 찾아가라는 것이다. 뭘 어떻게 하라는 건지 짐작이 갔다. 내가 그런 것과는 담을 쌓은 사람이라는 것을 아는 동기가 마음먹고 전화를 한 것이다.

"신청서에 전근 이유를 소상히 밝혔네. 더는 뭘 어떻게 하라고?"

동기는 웃으면서 말했다.

"내가 봐도 너는 그곳으로 전근할 일 순위라서. 알았어. 넌 원래 그런 사람인 거. 그냥 너대로 살아. 왕복 200킬로미터 거리로 출퇴근하던가."

나는 그곳 지사장에게 전화해서, 그곳으로 이사를 준비하고 있으니 그곳 지사로 전근될 수 있도록 도와달라고 부탁했다. 충분한 합리적

이유가 있었다. 그리고 주말에 그곳 지사장을 찾아갔다. 지사장이 말했다. "자넨 전근 대상 일 순위던데." 나는 꼭 '친구 찬스'를 쓴 기분이었다. 아내가 말했다. "친구 찬스라고? 당연한 권리이지. 역시 당신은 단단히 미쳤어."

세상은 내가 생각한 대로 된다는 글을 어디선가 읽었다. 세상을 박해자로 본다면 세상은 나를 박해할 것이고, 세상을 지지자로 만들면 세상은 나를 지지할 것이다. 나는 원래 그러듯이 세상도 원래 그렇다. 그러니 너무 마음 쓰며 살지 말자.

> 심리 읽기

중년의 자기실현은 그동안 내가 사용하지 않은 숨은 능력을 사용하면서 극대화된다. 규정과 원리에 충실한 이분, 지금부터는 사회가 용인하는 범위 안에서 규정과 원리를 벗어날 필요도 있다. 그것은 자기 신념을 포기하는 것이 아니라, 새로운 신념을 구축하여 세상을 넓게 보게 한다. 이를 대극의 통합이라 한다.

5장

모든 사람의 마음은 공허로 연결돼 있다

나는 이상적 사랑을 찾아 나선 사랑의 순례자,
그러나 사랑의 대상이 곁에 있어도 항상 허전했다

1. 집착은 사랑보다 더 강하다

허전해서 미칠 지경이다. 나는 남자 친구에게 카카오톡을 보냈다. 답장이 없다. 도대체 어디서 무엇을 하고 있길래 답톡이 없을까. 혹시 다른 여자를 만나는 걸까. 그녀와 밀애를 즐기나. 나에게 단맛 다 빼앗아 가고, 나를 떠나려는 건가. 상상이 사실인 것처럼, 질투는 분노로 바뀐다. 남자 친구에게 전화한다. 받지 않으면 내 상상은 실제가 되고 만다. 받으면 마치 그가 딴짓이라도 한 것처럼, 왜 바로 답톡이 없냐며 야단을 친다. 엄마가 아이에게 야단치는 것처럼. 여자의 감정에 둔감한 남자 친구는 다 듣고 있다가, 내 감정이 좀 풀릴 때쯤이면 내가 한 것에 더 붙여서 감정 보복을 한다. 나는 죄책감에 빠진다. '나는 나쁜 여자야.' 나는 그 앞에 무릎을 꿇고 살살 비는 것처럼 낮은 자세를 취한다.

그렇게 2년 사귀던 그 남자 친구와 헤어졌다. 사귀면서 좋았던 기억보다는 나빴던 기억이 더 많다. 그와 만난 지 한 달이 지나자, 나는 헤어질 날부터 계산했다. 그는 무정하고 여자의 감정을 배려하는 능력이 부족하다. 나처럼 애정에 목말라하는 여자에게는 맞지 않는다. 만나자, 헤어질 결심을 하니 상대에게 좋은 느낌을 줄 리가 없다. 나의 헤어질 결심은 주도적인 것이 아니라, 상대가 나를 버리기 전에 내가 먼저 상대를 버리는 방어 전략이다. 내가 머뭇거리는 사이에 상대가 먼저 말했다. "나, 최선을 다했어. 너 사랑하려고. 그런데 힘들어. 사랑이 이렇게 힘든 것일 줄이야."

그가 나에게 뭘 해줬다고, 먼저 헤어지자고! 내가 너무 징징거려서 싫다는 거다. 내가 말도 안 되는 것으로 자기를 의심하고 공격하는 것에 지쳤다면서, 내가 사랑이 아니라 집착하고 있다는 것이다. 그는 카카오톡과 전화번호에서 나를 차단했다. 나는 분노할 대상도 잃어버렸다. 무인도에 홀로 버려진다. 절친 P가 말했다. "집착은 사랑보다 더 많은 에너지를 사용해. 그래서 사랑보다 더 강한 사랑으로 오해될 수가 있지. 너는 사랑이 아닌 집착하는 거야."

심리 읽기

강한 의존은 강한 사랑으로 보여질 수도 있다. 왜 강한 의존을 하는가? 분리불안이 심해서다. 그녀는 상대를 위해서 상대를 사랑하기보다는, 자신의 분리불안을 달래기 위하여 상대를 사랑하는 모양을 취한 것이다. 그녀에게 필요한 것은 사랑의 대상이 아니라, 의존의 대상이다. 그러나 남녀 연인관계에서, 한쪽이 다른 쪽의 의존 대상이 되어주는 일은 정말 힘들다. 강한 의존은 편집 망상으로도 나타날 수 있다.

"남자 친구는 지금 다른 여자와 즐기고 있을 거야. 아니야, 이건 상상이 아니라 사실이야." 그녀는 이러한 분리불안으로 남자 친구를 공격했다. 그러다 그가 떠나면 의존 대상을 잃었으니 공허가 밀물처럼 밀려온다. 유년기 분리불안이 원인이다.

2. 나는 사랑이 아닌 집착을 하고 있었다

영국으로 배낭여행을 간 적이 있다. 거기서 아버지뻘 되는 분의 안내를 잠깐 받았다. 그분은 프랑스계 영국인으로 자유로운 프랑스 남성상과 영국 신사의 남성상을 두루 갖추었다. 내가 그렇게 봤다. 나는 귀국해서도 그와 톡을 주고받거나 음성 통화를 하곤 했다. 핑계는 영어를 배우기 위해서다. 그런데 아버지뻘 되는 이 양반, 야한 농담을 너무 쉽게 던진다. 나도 싫지 않았다. 거기에 호응했고, 나도 비슷한 농담을 던졌다. 그래 봐야 다 톡으로 하는 것이다. 만날 일도 없다. 나와 그에게는 야한 감정이 들어간 심심풀이 땅콩 같은 놀이였다.

그분에게 카톡이 왔다.

"안녕, 보고 싶어."

"프로필 사진 봐."

"섹시해."

"나 육체파 여자야."

"난 여체를 탐하는 매력남."

나는 큰 키에 말 그대로 에스라인으로 남성의 성욕을 자극하는 몸매를 가졌다. 영어는 존댓말이 없어서 좋다. 한참 반말로 톡을 하면, 둘이 연애하는 것 같다. 나는 이 멋있는 국제 노인과 상상의 밀애를 즐긴다. 그래야 톡으로다. 톡으로 말 따먹기 중, 우리는 나이 차이를 잊는다.

  3년 사귄 첫 남자 친구와 헤어진 날, 심심풀이 땅콩인 이 남자가 있어서 나는 상실감을 이겨냈다. "Hi, I miss you." 이 남자의 카톡은 늘 이렇게 시작한다. 나는 이렇게 답한다. "Thank you. I miss you, too." 이 남자는 나이 어린 여성의 흔들리는 마음을 잘 안다. 또한 백인 남자의 우월감으로 내 자존심을 건드리지 않으면서도 나를 유혹한다. 한참 톡을 주고받으면 우린 연인 사이가 된다. 그는 정말 나를 보고 싶어 할 수도 있다. 곧 한국 출장을 가니 그때 보잔 말도 했다. 나이 들었다는 것 빼고는 이 남자, 헤어진 남자 친구와는 비교할 수 없을 정도로 세련됐고 능력도 있다. 마음이 설렌다. 보고 싶다. 안기고 싶다. 내가 왜 이러나.

  첫 남자 친구와 헤어지고 내가 먼저 이 남자에게 톡 하는 날이 더 많아졌다. 내 집착의 에너지가 이 남자에게 꽂혔다. 나는 그의 진한 농담에 더한 농담으로 맞수를 뒀다. 그는 발정이 난 수캐처럼 굴기도 했다. 프랑스 놈팡이의 진한 농담이다. 나도 싫지는 않았다. 헤어진 남자 친구는 내 의식에서 서서히 사라져 갔다. 친구들에게 이 말을 하면 하나같이 말했다. "너 미쳤니. 정신 차려."

  나는 이 멋있는 남자와 성적 상상도 즐겼다. 곧 간다는 이 남자의 한국 출장을 기다렸다. 국제적 사업가에 바람둥이인 그가 나를 연인으로 생각할 리가 없다. 잠깐 즐기고 떠날 아시아 작은 나라의 섹시한 미인

정도로 생각할 것이다. 그런데 나는 그에게 홀렸다. 그를 사랑해서가 아니다. 헤어진 남자 친구를 대신해 내 공허감을 채워줄 대상으로 집착한 것이다. 집착은 사랑보다 더 강하다.

> **심리 읽기**
>
> 낯선 외국 도시, 그리고 그 도시에 사는 낯선 사람에 대한 동경은 모성이 투사된 것이다. 마음속에서는 그런 도시와 그런 사람이 엄마가 된다. 그녀는 나쁜 기억이 많은 한국을 싫어했고, 결핍된 모성이 투사된 외국에 취업하고 외국 남성을 만나 결혼하고 싶었다. 왜 거기 멀리서 엄마를 찾는가? 유년기에 그녀의 엄마는 곁에 있었으나, 우울증으로 딸에게 집중할 수 없었다. 그녀는 엄마가 곁에 있어도 엄마를 찾았다. 엄마와 스킨십의 그리움은 성적 욕망으로 전이되곤 한다. 그래서 그녀는 타국과 타국 남성에 대한 로망이 있었고, 성적 환상도 컸다.

3. 내 안에는 외로운 소녀가 있었다

나를 공적으로 아는 사람들은 나를 당찬 여자로 본다. 나는 주로 단문을 사용해서 말하고, 정확한 발음에 중요한 단어에는 힘을 준다. 똑똑하다는 말은 어린 시절부터 많이 들었다. 내 지능은 평균 이상이다. 나는 오랫동안 순발력과 정확한 판단을 요구하는 수술실 간호사로 일하고 있다. 그 일에 적임자라고 병원에서는 내 직무를 순환시켜 주지 않으려 한다.

하지만 나를 사적으로 아는 사람들은 외로움을 잘 타는 여자로 본다. 오랜 우정을 이어온 친구에게는 자주 전화를 걸어 징징거린다. 내 말을 듣고, 친구는 항상 같은 말을 한다. "그래서, 무엇인 문제야. 문제가 없는데." 내 감정에 내가 버림받아 외롭고 공허한 나를 누가 도울 수 있겠는가.

어린 시절, 전업주부였던 엄마는 늘 옆에 있었으나, 나는 엄마를 늘 그리워했다. 내가 본 엄마는 침대에 누워 있던 적이 많았다. 학교 갔다가 집에 오면 집 안은 정리되지 않아 지저분했다. 엄마는 세수도 하지 않은 적이 많았다. 밥은 보온 밥솥에서, 반찬은 냉장고에 가득한 반찬가게 반찬을 꺼내 먹은 적이 많았다. 어쩌다 엄마의 기분이 좋을 때는 요리를 직접 했는데, 그 시간에 엄마와 수다 떠는 시간은 최고의 행복이었다.

엄마와 아버지는 별거 중이었다. 어느 날 영문도 없이 아버지가 집에 들어오지 않았다. 엄마는 아버지가 자기 인생을 찾아갔으니, 더는 아버지를 찾지 말라고 했다. 아버지에게 가족 말고 더 중요한 것이 생겼다. 아버지는 가족을 버렸다. 엄마가 곁에 있어도 엄마를 그리워한 나는 아버지마저 잃었다. 나에게 아버지 기억은 안개와 같았다. 그즈음에 나는 더 깊은 허전함에 빠져들었다.

내 어린 시절은 엄마의 우울과 함께했다. 나는 우울한 엄마가 더 우울해지지 않도록 밝은 시늉을 해야 했다. 엄마의 그늘진 얼굴을 웃게 하려고 얼마나 노력했는지! 엄마는 내 성적표를 볼 때마다 매우 기뻐하셨다. 그날은 엄마와 함께 마트에 가서 쇼핑하고 엄마의 맛난 요리를 먹는다. 엄마가 기뻐하는 얼굴을 보면 나는 안심한다. 나는 엄마의 우울증을 치료하려고 반에서 1등 하는 소녀였다.

내 안에는 외로운 소녀가 성장하지 않은 채 살고 있었다. 엄마의 품이 불안한 그 소녀는, 돌아오지 않는 집 나간 아버지를 그리워했다. 내가 남자 친구에게 병적으로 집착하는 이유는 그 소녀가 아버지를 그리워하는 것과 같다. 욕망 없는 사랑은 없다. 남녀의 사랑이 깊어지면 성은 자연스럽다. 그런데 여자인 나는 남자보다 성적인 것에 더 집착한다. 성적 상상도 지나치다. P가 말했다. "성적 집착은 대상을 소유하려는 욕망이다. 너는 성을 유난히 밝히는 여자가 아니라, 사람을 유난히 그리워하는 거다."

심리 읽기

'내면의 아이'는 왜 생기는가? 그 시절에 받아야 할 돌봄에 결핍이 있었기 때문이다. 누구나 내면의 아이는 있고, 이 아이가 어리광을 부려 삶이 즐겁기도 하다. 그러나 그 지점에 정신 에너지가 고착되면, 그때의 감정이 내 의지와는 무관하게 재현된다. 혹 지능지수가 높은 사람은 내면의 아이를 어른스러움으로 방어한다. 이를 '거짓 자기'라고 한다. 거짓 자기의 가장 큰 특징은 감정이 입에 무능한 것과 자주 공허해지는 것이다.

사전 예고도 없이 어느 날 갑자기 떠나 버린 아버지, 그녀의 상실은 매우 컸다. 상실은 상실된 그 하나를 잃는 것인데, 아동기에 너무 큰 상실은 부분 상실을 전체 상실로 인식한다.

4. 사랑의 신화를 쓰는군요

고등학교 때였다. 공부만 하던 내가 친구 소개로 남학생을 소개받았다. 우린 마음이 통했다. 아파트 공원에서 밤늦게까지 그 친구와 함께한 적이 있다. 우린 서로 손을 잡았고, 나는 심장이 콩닥거리는 소리를 내며 그의 키스를 받았다. 난생처음 이성과 피부접촉이었다. 그와는 헤어졌지만, 나는 그때의 황홀함을 잊지 못한다.

사랑의 감정보다는 타자와 신체적으로 하나가 된 느낌, 이 느낌이 너무 편하고 좋았다. 나는 마음이 허할 때마다, 첫 키스를 기억한다. 허함은 갈망이 된다. 갈망의 대상을 잃으면, 가슴이 답답해지고 숨이 막히는 증세가 일어나곤 했다. P는 이를 분리불안의 신체적 표현으로 신체화 증상이라고 했다.

아내의 충실한 백마 타고 온 왕자로 소문난 연예인 ○○○, 나는 그를 내 마음속의 이상향으로 동경했다. '나도 ○○○ 같은 남자를 만날 거야.' 나는 같은 학교 이 남학생 저 남학생과 상상 속 연애를 즐기다가 버리고를 반복했다. 아무래도 나의 왕자라고 하기에는 부족한 점이 많다. 대학에 가서 여러 번 소개팅했으나, 그들은 다 놀기 좋아하는 철부지로 내 그리움을 채워주지 못했다.

내가 동경한 연예인 ○○○ 부부는 TV에 소개된 대로 정말 이상적 사랑을 하고 있을까. 내가 이들 부부에 대해서 이야기하면 친구들이 말한다. "사랑의 신화를 쓰세요. 그럼, TV에 나와 좋은 말만 하지, 나쁜 말을 하겠니?"

심리 읽기

인간은 타자와 근본적인 연합을 그리워하는 본능이 있다. 여기서 타자는 그가 떠나온 곳의 존재, 또는 존재의 근원이다. 존재의 근원은 이상적 이성에게 투사되기 좋다. 그런 이성과 심리 정서, 신체적으로 연합하는 것은 사람이 경험하는 가장 큰 황홀경이다. 하지만 그런 이상은 탈이상화 되고, 사람은 땅을 밟기에 땅에 살 수 있다. 결핍이 너무 큰 그녀는 이상화에 대한 동경을 버릴 수 없었다. 지나친 이상화는 자기 부정이고, 자기 부정은 특정 연예인을 이상화하는 것으로도 나타난다. "나는 연예인 ○○○같은 사람을 만날 거야."

5. 엄마는 아버지를, 아버지는 엄마를 내게서 빼앗아 갔다

친구 P가 말했다.

"사랑은 환상으로 오지만 현실적 사랑은 그 환상을 깨뜨리면서 시작돼."

환상을 버리면 남는 것도 없을 것이다. 나는 화를 냈다.

"그럼 뭐하러 사랑을 하나?"

P가 말했다.

"사랑은 무엇을 하는 것이 아니라 존재하는 방식이야."

P의 말은 너무 먼 사랑의 선문답이다. 갈피를 못 잡는 내 마음을 눈치챈 P가 말했다.

"사랑하려면, 우선 네가 동경하는 연예인 ○○○ 부부를 버려. 네가 원하는 동화 속의 사랑은 없어."

본래 이타적 사랑은 없다고 했다. 엄마가 기차가 오는 줄 알면서도 철로로 들어간 아이를 살리고 자신은 죽는 일, 그것은 엄마 자신의 모성본능에 헌신한다는 것이다. 가장 이기적인 사랑이 또한 가장 이타적이라는 역설은 통한다고 했다. 나란 사람은, 사랑에 관한 한 받기만을 원한다. 나의 외모도 한몫해서 나를 아는 사람은 나를 '공주병 미인'이라고 부른다. 사실은 다르다. 나는 애정 결핍자이다. 그 결핍을 가리려고 공주인 척하는 것에 불과하다.

감기, 몸살로 유치원에서 조퇴하고 일찍 집으로 돌아온 날이 있었다. 엄마는 현관문을 여는 소리를 들었을 텐데 나와보지 않았다. 안방 침대에서 누워 계시겠지, 나는 안방 문을 빠끔히 열었다. 두 분이 침대에서 알몸으로 얽혀 있었다. 그들은 나를 알아보지 못했다. 나는 어찌할 바를 몰랐다. 나는 엄마와 아버지는 서로 미워하는 줄 알았는데, 두 분 모두에게 배신당한 기분이었다. 나는 내 방에 들어가 하염없이 울다가 지쳐 잠들었다. 그때 꾼 꿈은 생생하다. '아버지와 엄마의 성기가 서로 붙어 떨어지지 않았다. 나는 그것을 큰 슬픔과 두려움으로 바라보고 있었다. 나는 넓은 운동장에 혼자 버려졌다.'

내 환상 안에서 엄마와 아버지는 성적으로 연합된 존재이다. 두 분의 성적 결합은 떼어낼 수 없는 원초적 결합으로, 나는 거기서 밀려나 있다. 엄마는 아버지에게, 아버지는 또 엄마에게 빼앗긴 이 상실감. 내 허전함, 즉 공허는 여기서부터 나왔다. 내 기억으로 그때 처음으로 가슴이 답답해지고 호흡 곤란 증상이 왔다.

나는 남자 친구와 아무리 즐거운 데이트를 했어도, 집에만 들어오면 남자 친구와 다른 여인이 성적으로 결합하여 나를 쫓아내고 있다는 말도 안 되는 상상으로 괴롭다. 가슴이 답답해진다. 나의 성적 집착은 상대를 내 것으로 만들어 버리려는 일종의 소유욕 같은 것이다. 말도 안 되는 공상이라는 것을 내 이성은 잘 안다.

> **심리 읽기**
>
> 　신체화는 심리적인 원인으로 신체 일부에 통증이 생기는 것을 말한다. 성적 욕구를 너무 억압하고, 본인은 억압의 사실조차 부인한다면 에너지화된 성적 욕구는 신체 일부에 투사되어, 통증을 유발한다. 프로이트에 의하면 아동은 어떤 경로를 통해서도 부모의 성적 행위를 목격한다고 한다. 이를 '원초경'이라 한다. 이때 아동은 부모로부터 버려졌다고 생각한다. 이 또한 성장 과정의 일부이나, 애정 결핍상태에서 원초경은 소외감을 가져오고, 그 소외감은 성적 환상에 몰입하는 것으로 보상받는다.
> 　정신분석학자 멜라니 클라인은 부모의 성기가 서로 연합돼 있는 아동의 환상에 대하여 말했는데, 여기서 아동의 박해 불안이 온다고 했다. 이 박해 불안은 엄마의 안정적 돌봄으로 사라지나, 엄마가 안정적 돌봄을 제공해 주지 못한다면 편집적 성격이 된다고 했다. 편집증은 피해망상, 의처증, 의부증 등을 말한다.

6. 너무 일찍 경험한 공허는 성장통이다

엄마와 아버지는 별거만 했지, 이혼하지는 않았다. 같이 살지 않으나 헤어지지 않은 관계, 이런 관계는 자식을 더 혼란스럽게 한다. 가끔 아버지는 집에 들어와 나와 동생에게 비싼 선물을 주며 당신의 죄책감을 달랬다. 나와 동생은 사춘기가 되자, 그런 아버지를 증오하고 선물을 받지 않았다. 그 시기였다. 아버지가 오밤중에 집에 몰래 온 날, 나는 엄마 침실에서 엄마의 신음을 들었다. 이 사건은 여섯 살 때 장면과 그날 꾼 꿈과 합쳐졌다. 두 분은 사랑하지 않는다. 그래도 섹스는 한다.

P가 말했다. "너는 분리불안을 성적 환상으로 달래고 있어." 나의 성적 집착은 내가 성적으로 별난 여자가 아니고, 유년기의 분리불안을 달래는 방어가 성애화(sexualization)됐다는 것이다. 이 해석은 나를 안심시켰다. 비록 성적 환상이 나를 자극했지만, 피할 그곳이 있어서 내가 살 수 있었다. 성관계 후에 내 무의식은 상대에게 이렇게 말했다. "너는 내 거야. 너는 나를 떠나서는 안 돼." 집으로 돌아온 나는 사랑하는 대상이 나를 떠나 다른 여성과 성관계를 즐긴다는 환상으로 괴롭다. 나는 허전하고 넓은 운동장에 홀로 버려진다.

나는 대학교에, 동생은 고등학교에 입학해 각각의 기숙사로 들어갔다.

엄마와 아버지는 다시 합했다. 나와 동생은 두 분 모두에게 배신당한 것이다. 두 분은 오랜 방황을 교훈으로 보통 평범한 부부관계를 잘 유지하고 계신다. 성인이 된 나는 두 분의 성공적 결합을 축하해 드릴 수는 없다. 그렇다고 증오하지도 않았다. 만일 부모님이 처음부터 평범한 부부였다면 지금의 나는 어땠을까. 지금 같은 분리불안은 없었을 것이다. 아, 한숨이 나온다. 나는 정말 운이 없는 년이다. 그러자 P가 말했다.

"마음의 밑바닥에는 누구나 분리불안이 있어. 너는 그것을 남들보다 일찍 만났을 뿐이야. 어차피 치러야 할 통과의례를 좀 빨리 치렀다고 하자. 그냥 너를 위로나 하자고 하는 말이 아니야. 삶의 법칙이 그래."

어차피 치를 통과의례라고? 알고 보면 삶은 각자의 고통스러운 통과의례를 치러내는 지난한 과정일지도 모른다.

심리 읽기

부모의 이중언어는 자녀를 혼란스럽게 한다. 예를 들어 자녀의 행동에 대한 엄마의 태도가 두 가지라면, 자녀는 어떻게 해야 할지 헷갈린다. 말이 아닌 행동으로도 자녀는 이중언어에 구속당한다. 서로가 미워서 이혼한 부모, 두 분은 가끔 만나서 성관계를 즐긴다. 그것도 집 안에서. 사랑하지 않아도 성관계는 즐기는구나, 하는 인식은 성인이 되어 사랑과 성관계를 분리한다. '저는 여자로서 헤프다 싶은 정도로 성관계를 쉽게 합니다. 사랑은 하지 않습니다.' 성애화가 심하면 성중독이 된다. 성애화로 도망가지 않아도 될 좋은 사람을 만나면 성적 환상은 서서히 줄어든다.

7. 그의 넓은 가슴은 내 묵은 허전한 감정을 녹였다.

　나는 나만의 오랜 동굴에서 나오고 있었다. 적기는 하늘이 안다고 했다. 때를 맞추어 친구 소개로 한 남성을 만났다. 그는 꼭 애 어른 같았다. 하는 말이 꼭 도를 깨우친 사람이다. 한번은, 약속 시간을 칼같이 지키는 그가 30분 정도 늦은 적이 있었다. 그 30분 동안 나는 온갖 망상을 다 했다. 나와 만남이 싫은가, 나를 무시하나, 나를 존중하는 마음이 없나, 혹시 다른 여자에게, 설마. 30분 동안 나의 분리불안은 온갖 불안한 일을 다 만들어 버렸다. 나는 그의 카톡을 열어 보지도 않았다. 헤어지자는 말일 것 같아서.
　그는 미안한 미소를 지으며 내 앞에 모습을 드러냈다. "미안해, 엄마가 복통으로 응급실 갈 일이 있어서 차로 모셔 드리느라고." 나는 엄마는 어떠냐고 걱정부터 해줘야 옳았다. 그래도 와준 것은 고마워해야 한다. 나는 아들의 시간을 빼앗은 엄마가 미웠고, 엄마와 동조한 그가 미웠다. 사이 좋은 모자 사이에서 나는 넓은 운동장에 홀로 버려진 기분이었다. 그까짓 일로, 나는 그에게 소총을 난사했다. 나의 공격성에 이전 남자 친구 같았으면 기관총을 난사했을 것이다. 나는 처참하게 찢기고 죄책감을 느꼈다. 그러고 나면 다시 그가 미워진다. 그런데 이 남자는 어떤 말도 하지 않고 내 말을 다 들어줬다. 내 감정이 가라앉을 무렵에, 그는 목소리를 깔고 조용히 말했다. "미안해, 너라면 화를 낼만도 하지."

나는 어이가 없었다. 날 어떻게 보기에. '너라면'이라니. 나는 감정 조절을 못 하는 못난이 바보란 말인가. 도대체 너는 나를 어떻게 보고 그런 말을 하느냐고 이번에는 그의 사과에 소총을 난사했다. 그는 철옹성이다. 사이코패스 같은 내 공격에 얼굴색이 약간 변하는 것 외에는 평상심을 유지했다. 내 공격이 중단되자 그가 말했다. "내가 너를 감정 조절 못 하는 사람으로 보는 것은 아니야. 사람마다 감정을 다루는 방식이 다르다는 거야."

마녀가 된 공주병 미인의 공격을 이렇게 덤덤히 받아내는 것은 그가 처음이었다. 나의 사이코패스 같은 공격을 솜이불로 감싼 그는 내게 선물이었다. 나에게 그는 현자다. 현자는 말로 사람을 변화시키는 것이 아니라, 태도로 상대를 감화시킨다. 나는 그의 가슴에 덥석 안겼다. 그의 넓은 가슴은 성적 자극을 유발하지 않았고, 내 묵은 허전한 감정을 녹였다. 그는 내 등을 부드럽게 감쌌다. 다른 남자와는 달리, 더 이상의 성적 자극은 없었다.

> 심리 읽기

성장기에 내면화된 나쁜 경험들이 만든 나쁜 내적 대상은 없앤다고 없어지지 않는다. 정신분석학자 페어베언은 좋은 대상 경험이 쌓여 절대적으로 나쁜 내적 대상이 상대적으로 나쁜 대상이 된다고 했다. 그는 정신치료는 절대적으로 나쁜 것을 상대적으로 나쁜 것으로 만드는 과정이라고 했다. 상대적 나쁜 내적 대상은 사회 적응과 추진력의 동력이 될 수 있다. 그녀는 자기의 공격을 솜 방석으로 받아주는 사람을 만나 나쁜 내적 대상이 수정되고 있었다. 세상은 나에게 박해적이 아니라는 것과, 세상에는 믿을만한 사람이 없다는 신념의 오류를 발견하기 시작한 것이다. 이는 좋은 대상 경험의 결과이다.

8. 가장 평범한 것이 가장 이상적이다

나는 그가 조숙한 30대 현자로만 알았다. 그는 세련되게 나에게 맞추고 있었기 때문이다. 그는 말을 안 해서 그렇지, 속에는 허함이 있다는 것을 그의 무표정에서 읽을 수 있었다. 그는 남의 말은 잘 들으나, 자기 말은 극도로 절제했다. 현자가 아니라, 그만의 참는 법을 배운 것이다. 어느 술자리에서 그가 반쯤 취기 상태에서 말했다. "나는 허함에 익숙한 사람이야. 나 완치 불가능한 지병을 가지고 있어. 그 병을 알면 너는 나를 떠날걸. 그 병 진단을 받은 고등학생 때에, 나는 내 젊음을 온통 우울증에 헌신했지. 내가 나를 받아들인 이후에, 타인을 이해하는 마음의 여유도 생기더라."

내가 그에게 특별히 끌린 것은 그의 공허에서 나의 공허를 봐서일까. 세상 모든 사람의 마음은 공허로 서로 연결돼 있었다. 내 감정만 읽어 달라고 징징거리던 나는 그의 감정을 읽기 시작했다. 청소년 시기부터 지병과 싸우고 고뇌하면서, 그가 경험했을 감정의 밑바닥은 나의 분리불안보다 더했을 것이다. 나는 건강하기라도 하다. 그는 언제 건강이 급속히 나빠질지 모르고, 그러면 직장도 사직해야 한다. 처음으로 나는 내 감정의 밑바닥으로 타인의 감정을 이해하게 됐다. 그러자 신기하게 나의 오랜 동굴에서 조금씩 나오고 있었다. P가 말했다. "진정한 역지사지는 동굴탈출의 첫 번째 신호다."

집에 들어가니 엄마와 아버지가 함께 저녁 식사를 준비하고 있었다. 메뉴가 평상시와는 달랐다. 요리하는 것에도 두 분의 사소한 의견 차이는 있어 작은 말다툼은 있었다. 아버지는 타인과 감정 이입하는 능력이 부족한 분이고, 엄마는 자기가 옳다고 여기는 것에 양보가 없는 분이다.

결혼 전까지만 해도 두 분은 각자의 영역에서 열심히 사는 분이셨다. 두 분은 서로 맞아서가 아니라, 맞지 않아 부부가 됐다. 두 분은 결혼하자 각자가 가진 성격의 근본적 특성이 드러났고, 그것을 직면하여 타자와 함께하는 법을 배우는 긴 시간이 필요했다. 운명의 장난도 아니고, 불행도 아니고, 과거 잘못된 선택으로 인한 필연적 결과도 아니다. 두 분은 그렇게 함으로써 지금의 보통 평범한 부부가 됐다. P는 가장 평범한 부부가 가장 이상적 부부라고 했다.

그날은 두 분의 결혼기념일이었다. 두 분에게도 결혼기념일이 있었다는 것과 그날을 축일로 보내려는 마음이 있었다는 것도 처음 알았다. 나는 두 분이 준비한 케이크에 양초를 끼우며 용기를 내어 말했다. "고생하셨어. 다음부터 케이크는 내가 준비할게." 나는 생일 축하 노래에 생일 대신 '결혼'을 넣어 불러드렸다. 우리 셋은 매우 어색했다.

| 심리 읽기

 페어베언에 의하면 사람의 정신 밑바닥은 분열성 상태이고, 그곳은 공허한 곳이라 했다. 정신을 분석하여 파서 내려가면 그 바다에는 공허가 있다는 것이다. 공허 위는 바로 우울이다. 나의 공허와 우울이 상대의 공허와 우울을 만난다면, 우리는 사람의 장단점을 구별하거나 비난하지 않고 있는 그대로 이해하고 사랑할 수 있다. 현자는 마음의 밑바닥까지 들어갔다 나온 사람이다. 사람은 내려가 본 자기 밑바닥의 경험만큼 타인을 이해한다.

릿은 사느냐 죽느냐 그것이 문제라고 했다. 정신건강의 기준은 퇴
하느냐 전진하느냐가 관건이다. 만일 퇴행한다면, 훗날 퇴행한 그
리만큼 다시 앞으로 가야 한다. 버티는 자가 이긴다는 말은 심리
적으로 퇴행하지 않는 자가 그 자리에 남아 마지막 승자가 된다는
이다. 연꽃은 그의 뿌리가 묻힌 진흙을 외면하지 않아, 거기서 꽃
다. 자아의 현실감각과 현실 지향은 정신건강의 척도이다. 인간의
격성은 존재감을 과시하기도 하고 지켜주기도 한다. 사실, 사람이
민하는 거의 모든 문제는 자아가 퇴행하여 만든 상상물이다.

!람이 평생에 걸쳐 하는 개성화 또는 자기실현은 파괴하고 재건
1, 또 파괴하고 재건하고를 반복하는 긴 여정이다. 그 어떤 사람
! 여행에서 예외가 없다. 혹시 파괴와 재건을 반복하지 않는 사람
(다면, 그는 신의 축복을 받은 사람이 아니라 스스로 자기실현을
:한 사람이다. 그는 행복한 사람이 아니라 본질과 멀어진 불행한
!이다. 사람의 가장 깊은 무의식의 구성 요소인 원형이 하는 위대
!은 파괴와 재건, 즉 각자의 성장을 돕는 일이다. 하나의 상실을
:하면 상실을 넘어 있는 충만을 얻는다. 상실은 충만의 모토이다.

6장

자식은 떠나 보내려고 있는 것이다

나는 타고난 낙천가이며
도덕적 기준이 높은 사람이었으나…

1. 그래도 너는 나와 다르게 살아야 한다

나는 아름다운 남해안 해변 마을에서 펜션을 운영하고 있다. 말이 사장이지, 그야말로 3D 직업이다. 화장실 청소부터 이불 시트 갈이까지 다 내 손으로 하는 고된 일이다. 그래도 해외 명문대학으로 유학 간 아들을 자랑삼아 그 일을 보람있게 했다.

아들이 초등학교 다닐 때, 나는 서울 강북에 살았고 중소기업체에 다녔다. 그때 아들 초등학교 담임선생이 아내에게 한 말이다. "○○는 강남 아이 같아요." 우리 부부는 중소 브랜드 옷을 입어도 아내는 아들에게 항상 백화점 옷을 사줬다. 아내는 귀티나게 입고 자란 아이가 귀티나게 산다고 했다. '강남 아이 같다'는 담임선생이 인정해 주는 말이지만 나는 그 말이 거슬렸다. 입은 브랜드 옷으로 사람이 평가받는 치졸한 세상이다. 나는 아들에게 말했다. "강남 혈통이 얼마나 이기적인데. 너는 그러면 안 돼."

아무튼, 아내는 아들 하면 모든 것을 해주었고 할 수 있는 한 귀티나게 해줬다. 보답으로 아들은 공부를 곧잘 했다. 신분 상승의 길이 막힌 척박한 대한민국 서민으로서 아들이 공부 잘해 주는 것, 부모로서 가장 큰 보람이다. "그래도 너는 나와 다르게 살아야 한다."

> 심리 읽기

　모든 부모가 자식에게 자신의 욕망을 투사하는 것은 통과의례와 같다. 피할 수 없는 과정이다. 특히 신분 상승의 길이 막힌 사회에서는 부모가 자식에게 쏟는 사랑은 집착이다. 집착은 집착하는 대상에게 무의식적으로 보상을 요구하기에 양자의 관계는 불안정하다. 집착과 같은 사랑, 그래서 서로가 서로에게 얽혀 있는 관계를 일차적 동일시라고 한다. "그래도 너는 나와 다르게 살아야 한다." 이 말은 자기 삶에 만족하지 못하는 부모의 불평이다.

2. 그래도 내 아들은 내 품을 떠나지 않을 것이다

　IMF 한파 이후 회사는 계속 어려워 정상화되지 못했다. 그만 부도가 나고 말았고, 나는 실업자가 됐다. 타고난 낙천가인 나는 크게 걱정하지 않았다. 작은 사업을 하시다 지병으로 일찍 세상을 떠난 선친께서 가족에게 남긴 위대한 유산은 '사람은 다 살게 마련이다'이었다.
　공부 잘하는 아들을 둔 나는 아들 유학비용을 벌어야 한다. 이것은 낙천의 문제가 아니라 현실의 문제이다. 나이 들어 재취업은 힘들다. 중소기업체에 경력사원으로 재취업한다 해도 연봉은 뻔하다. 먼저 펜션 사업에 뛰어들어 돈 좀 번 지인의 권유도 있고 해서, 아내와 상의하여 은행 대출을 얻어 펜션 사업을 시작했다. 그거 부부 노동 파는 고된 일이라는 말은 들었다. 고되면 어때, 공부 잘하는 아들이 있는데. 그때는 펜션 사업이 잘됐다.
　아들 미국 유학비용은 만만치 않았다. 이거 아무래도 신발 끈을 잘못 묶은 것은 아닌지, 나보다도 형제들이 더 걱정해 줬다. 아들이 주립대학을 갔더라면, 우리 부부는 허리가 휘어지지는 않았을 것이다. 미국 명문대학은 학비부터 명품이었다. 아내는 펜션의 주 업무인 청소, 빨래, 주방 일등 잔 노동을 많이 하다 보니 손가락 관절염에 걸렸다. 손가락 관절염, 걸려보지 않은 사람은 그 고통을 모른다. 사람 하는 일이 다 손가락 노동이다.

  조용한 어촌에서 아내와 둘이 묵혀 지내니 울적할 때도 많았다. 비수기 때는 경치 좋은 수도원이다. 따분한 일상과 펜션의 잔 노동에 지친 아내는 별거 아닌 것 가지고도 목소리를 높이는 일이 다반사가 됐다. 남성 호르몬이 나오기 시작한 것이다. 그래도 내가 워낙 유하고, 아니 둔한 성격이다 보니 아내의 잔소리를 바닷바람 소리로 들었다.

  나와 아내는 사회적 관계망이 점점 좁아졌다. 이 좋은 세상에서 도태되는 것은 아닌가, 정체가 분명하지 않은 걱정거리가 불쑥불쑥 올라온다. 타고난 낙천가인 나도 우울해지기 시작했다. 그러나 미국 명문대학에서 공부 잘하고 있을 아들을 생각하면 위로를 받는다. 아들은 가족 단톡에 감사의 글도 잘 올렸고 가끔 페이스 통화도 한다. 자기가 쓰는 엄청난 돈에 비하면 가벼운 립서비스 정도이지만, 부모는 그 맛에 산다. 부모가 별거냐, 한평생 자식을 위하여 사는 거지. 우리의 이런 삶의 태도는 친구들에게 지적받기도 했다. 아들이 학위를 받으면 귀국하지 않아 재외동포가 될 것이고 남는 것은 노부부뿐이라는 말도 들었다. 자식은 부모가 위급해도 달려오지 못하는 단톡 가족만 된다는 것이다.

  그럴 수도 있다. 아들도 제 짝을 만나면 짝이 우선일 것이다. 그래야 한다. 지금은 분에 넘는 지원을 해주는 부모가 고맙겠지만, 자기도 부양할 가족이 생기면 그거 다 잊어버릴 것이다. 그게 자식 농사가 아니면 무엇이겠는가. 그러나 아내의 아들에 대한 믿음은 흔들리지 않았다.

'내 아들이니까. 어떻게 키웠는데.' 아내는 헌신적 아내는 아니어도 헌신적 엄마이긴 했다.

> **심리 읽기**
>
> 인생 자체가 롤러코스터인데, 타고난 낙천가가 있을까? 낙천가는 청룡 열차가 밑으로 내려갈 때 내려감을 즐기지 못하고 올라갈 날을 계수하는 사람이다. 아플 때 아픔을 느끼지 않고 회피라는 방어기제를 써서 외면해 버린다면, 그는 아픔이 주는 인생의 소중한 교훈을 놓친다. 적극적 사고방식, 긍정 심리, 이런 것들은 회피라는 방어기제 위에 지은 모래성과 같다. 과한 방어기제는 과하게 무너진다. 언젠가는 그가 지은 모래성이 다 무너지고 다시 쌓아야 할 때가 반드시 온다.

3. 자식은 떠나보내려고 있는 것이다

아들의 박사학위 논문이 통과됐다. 미국서 10년 공부를 마친 것이다. 우리 부부는 미국 대학의 학위 수여식에 갔다. 졸업식이 끝나자 아들은 우리 부부에게 여자친구를 소개해줬다. 한국인 유학생이었다. 둘의 대화를 들어보니 관계가 많이 진행된 것으로 보였다. 아내는 가슴이 덜컥 내려앉았다고 했다. 그동안 엄마에게 한마디도 없었는데…. 그날 온종일 아내의 표정에는 그림자가 꼈다. 단 하나의 애인을 낯선 여인에게 빼앗긴 기분이라고 할까. 나도 좀 당황했고, 아들이 나와 아내보다 여자친구를 더 챙겨 섭섭했다. 우리는 이런 감정을 티 나게 하지 않았으나, 아들 커플은 눈치챘을 것이다.

그다음 날, 우리 부부는 거창하게 생명의 분리와 순환을 받아들이자고 했다. 나는 아들에게 일자리는 어떻게 할 것이냐고 물었다. 아들은 한국에 학연이 없으니 출세에 한계가 있을 것이고, 해서 미국에 남겠다고 했다. 그리고 여자친구도 그것을 원한다고 했다. 나는 심장이 덜컥 내려앉았다. 아내는 심장이 멈추기라도 했을 것이다. 나는 애써 태연한 척하면서 말했다. "그렇지 여자친구가 있으니." 아들은 정색하고 말했다. "그럼요. 우리 결혼할 건데요."

옆에 있던 아내의 얼굴에 먹구름이 드리워졌다. 아내는 아들이 한국에서 일자리 얻기를 원했다. 명문대학 교수의 부모라는 말도 듣고 싶었다. 자식이라고 아들 하나 달랑 있는데, 옆에 있어 주기를 바란 것은 혈육지정이다. 그래도 결혼할 여자친구라면 미리 부모에게 소개하고 허락을 받아야 하지 않은가. 나와 아내는 한국 사람이고, 아들도 한국 사람이다. 우리는 한국의 규칙을 따라야 한다. 미국 사람이 다 된 것처럼 말하고 행동하는 그들의 모습이 영 귀에 거슬린다. 그것은 우리의 생각일 뿐, 미국에서 10년 가까이 사는 아들과 아들의 여인은 우리와 생각이 많이 달랐다.

귀국해서 우리 부부는 낯선 감정에 휩싸였다. 삶의 유일한 희망을 하나 잃어버린 상실감이다. 정이 많고 따뜻한 아들이라 만년 효자일 줄 알았는데, 많이 차가워졌다. 우리를 대하는 아들의 태도가 사무적이다. 너무 이성적이다. 그렇다고 잘못하고 있는 것은 아니다. 우리 부부가 변한 세대를 받아들이지 못하는 것인지도 모른다. 우리는 부쩍 우울해졌다. 평일에는 뚝 하면 펜션을 휴업하고 기분 전환하러 당일 여행을 다녔다. 아들이 뭐 잘못한 것은 없다. 미국 사회에서는 자연스러운 일이다. 그런데 배신당했다는 감정은 어쩔 수 없었다. 타고난 낙천가인 나도 많이 울적했다.

내가 낙천가라고? 운이 좋게도 큰 상실의 경험이 없어서 그랬다. 그동안 나의 아들은 아이템 획득이었다. 나는 자식 교육으로 갈등하는 사람을 볼 때마다 한 수 가르치려 했다. "자녀교육은 이렇게 하면 된다." 나의 방식이 자녀교육의 정석인 것처럼 자신 있게 떠들었다. 그런 내가 자식 때문에 허탈감에 빠졌다. 아들이 미국 대학을 졸업하고 한국인 유학생을 만나 결혼하여 미국 시민으로 산다는데, 도대체 무엇이 잘못됐단 말인가. 내 생각이 잘못됐겠지.

생각과 감정은 따로 놀았다. 거기다 호르몬 변화도 오면서 우울감과 허탈감, 상실감이 몰려왔다. 불면까지 찾아왔다. 나는 급성 우울증 진단을 받았다. P가 말했다. "너는 우울증에 안 걸릴 줄 알았지? 염려할 필요는 없어. 사람이 우울하지 않으면 3차원 세계관을 넘지 못해."

심리 읽기

불교에서 '회자정리'라는 말이 있다. 이 말은 만난 것은 헤어지고, 떠난 것은 다시 돌아온다는 것이다. 회자정리가 힘든 이유는 헤어짐에 대한 관념 때문이다. 헤어짐은 오랜 세월 동일시된 애정 대상과 탈동일시될 뿐만 아니라 물리적으로도 멀리 보내는 것이다. 그래서 힘들다. 자식은 부모를 떠나고 부모는 자식을 떠나야 서로가 산다. 그동안 엄친아로 자란 아들의 반항은 자기 삶을 찾으려는 시도이고, 부모님도 당신의 삶을 찾으라는 외침이다. 한편 정신 에너지가 안으로 들어와 진지한 자기성찰이 이루어질 때 우울감은 피할 수 없다. 이때의 우울감은 자기 성장의 이정표이다.

4. 부모 삶의 정석은 자식 떼어내기다

아들이 유색인으로는 힘든 미국 대학에 교수로 취업했다. 아무리 자식과 거리 두기를 한다고 해도, 이건 큰 기쁨이 아닐 수 없었다. 나와 아내는 매우 기뻤다. 만나는 사람마다 자랑하고 싶었으나, 뒤이어 올 실망을 예상해 자랑질이 조심스러웠다. 그래도 기쁨은 표현돼야 한다. 어느 맑은 가을 하늘 밤, 우리는 해변에 나가 밤하늘 별들에게 소리쳤다. "우리 아들 미국 대학의 교수다." 그래도 귀티나게 아들을 키운 것은 잘한 것이다. 봐라. 최강국 미국에서 귀티 나는 일자리를 얻었지 않은가.

양가가 다 한국에 있으니 아들 결혼식은 한국에서 하기로 했다. 우린 아들에게 마음 다 비운 줄 알았다. 이제 너희도 명실상부 독립을 했구나. 너희들끼리 미국 시민으로 잘살아라. 부모하고야 가끔 안부나 전하는 거지. 너희도 너희들 일로 바쁘고, 아이를 낳아 바쁘고 힘들어지면 굳이 안부랄 것도 없다. 다들 그렇게 사는 것이 인생이다. 이렇게 마음먹는 일이 어렵지 않을 줄 알았다.

나는 최선을 다해 아들의 결혼식을 준비해 줬다. 아들도 기대 이상이었다며 흡족해했다. 아들의 흡족한 모습을 보니 나 또한 기뻤다. 그러자 그사이를 집착이란 손님이 조용히 비집고 들어왔다. 결혼식을 올린 직후 아들 내외가 펜션에 와 있는 일주일 동안 도대체 부모는 없고 아내만 있는 것처럼 행동하는 아들이 꼴불견이었다. 며느리의 태도도 남남 같았다. 아내는 한국 시어머니 매뉴얼대로, 이게 다 며느리 때문이라 했다.

우리는 아들 내외를 인천국제공항까지 배웅 나갔다. 그들이 활짝 웃으면서 플랫폼에 있는 우리에게 손을 흔들어 작별 인사를 했다. 언제 다시 보게 될 줄도 모르는데, 아들이 나와 아내의 손을 붙들고 그동안 감사했다며 눈물이라도 찔끔 흘려 주면 안 됐을까. 부모를 떠나는 것이 기쁜 것인지, 아내를 얻어 기쁜 것인지, 나는 섭섭했다. 아내는 울고 있었다. 우리는 인류의 집요한 가족주의를 떼어내는 애도를 하고 있었다.

그날 밤, 우리는 정말 아들을 떠나보낸 슬픔에 젖었다. 아들이 그렇게 정이 없는 놈인 줄은 이제야 알았다. 우리 부부는 외동아들의 마법에 홀려서 지금까지 살아왔다. 그래, 이 땅 모든 부모는 자식에게 홀린 맛에 산다. 그게 삶의 정석이라 굳게 믿었다. 지금 우리 부부는 자식 떼어내기를 배우고 있다. 그래서 슬펐다. 아들이 조금만 더 다정했더라면 이렇게까지 슬퍼할 이유는 없었는데. '조금만 더' 이것이 항상 문제다.

심리 읽기

  시어머니 입장에서는 다 며느리 때문이고, 며느리 입장에서는 다 시어머니 때문이다. 시어머니는 아들에 대한 소유를 여전히 보장받으려 하고, 며느리는 남편을 다른 여자에게 빼앗기지 않으려 한다. 한 남자를 사이에 둔 두 여성은 삼각관계의 시기와 질투에 빠진다. 즉 그녀들의 유년기 오이디푸스 갈등이 한 남자를 사이에 두고 재현된다. 갈등의 해결은 각자가 독립적인 존재가 됨으로써 집착을 내려놓는 거다. 이 사이에서 아들 또는 남편이 할 일은 어느 한쪽의 감정에도 동일시하지 않는 것이다. 즉 양자의 갈등과 분쟁에 중립을 유지해야 한다.

5. 나이가 들수록 혼자가 되어라

　시간이야말로 부작용 없는 보약이다. 시간이 흐르자 많은 것들이 정리됐다. 책과는 담을 쌓고 사는 내가 인문학과 교양 심리서를 읽기 시작했다. 유튜브를 뒤지며 여러 인문학 강의를 들었다. 그러자 내 인생 전체를 되돌아보게 됐다. 지금까지 나는 가족주의와 의식주가 삶의 주된 목적인 3차원적 세계관을 가지고 살았다. 나의 마음공부는 먼저 그것의 허구를 깨닫게 해줬다. 내가 깨달은 삶의 진실은 '인생은 혼자 산다'이다. 철학자 쇼펜하우어도 같은 말을 했다. "나이 들수록 혼자가 되어라." 부부가 함께 일하니 나와 아내는 늘 붙어 있다. 마음공부를 시작하자 첫 번째 두드러진 변화는 아내가 나와는 무관한 낯선 이로 보일 때가 종종 있다. 그럴 때 느끼는 살짝궁 고독, 그 고독은 잊고 살았던 나를 만나게 해줬다.

　모든 원망과 불안과 집착의 원인은 혼자되지 못해서다. 혼자되지 못하니 혼자 기대하고 혼자 흥분하고 혼자 실망한다. 관계의 불행은 전부 상대가 내 마음 같지 않아서이다. 상대가 내 마음 같기를 바라는 것은 혼자되지 못해서다. 어떻게 상대가 내 마음 같을 수 있는가. 지구 인구 80억은 다 제각각이다. 그래야 세상이 엉기지 않고 질서 있게 돌아간다. 사랑은 놔주는 것이다. 그동안 나는 사랑을 당기는 것이라 믿었다. '놔 주는 것'은 집착이란 지겨운 윤회의 사슬을 끊어낸다.

나는 '놔 주는 것'의 진실을 일상에서 조금씩 배워 나가고 있었다. 먼저 가족관계의 도리라고 믿었던 '함께'를 내려놓기로 했다. 내가 그동안 믿어왔던 '함께'는 '구속'이었다. 부부가 함께 같은 일을 한다고 항상 붙어 다니는 것은 좋지 않다. 그럴수록 떨어져 있는 시간도 필요하다. 나는 삶의 목표를 눈에 보이는 성취에서, 눈에 보이지 않는 내적 가치로 옮기는 시도를 했다. 이것은 매우 힘든 내적 작업이지만, 그것이 진정한 삶의 목적이라는 인식을 한 것은 나를 섭섭하게 한 아들이 내게 준 위대한 선물이었다.

심리 읽기

성숙한 사람은 '혼자 있을 수 있는 능력'을 가졌다. 그는 관계 안에 있으면서도, 관계를 떠나 혼자 있을 수 있는 역설을 산다. 성숙한 혼자는 자기애를 존중하고, 타인의 자기애도 존중한다. 하나의 자기애로 뭉친 부부는 겉은 일심동체처럼 보여도, 속은 나의 자유를 속박하는 상대에 대한 분노가 있다. 이분은 관계에서 오는 갈등의 해결을 내면에서 찾았다. 관계의 갈등을 관계 안에서만 풀려 하면 잠깐은 원하는 것을 얻을 수도 있다. 하지만 그것은 타자의 변화를 요청하는 것이기에 근본적 해결은 아니다.

6. 이것은 집착인가 희망인가?

아들이 아들을 낳았다. 아들 내외는 그 기쁨을 영상통화로 전했다. 내가 손주를 본 것이다. 아들을 잃었다고 생각했는데, 그 아들이 손주를 낳아 나에게 선물한 것이다. 그렇게 느꼈다. 그래서 한국의 대부분 할아버지 할머니는 손주를 SNS 프로필 사진으로 올린다. 아들과 관계를 재정립한 이후에 나는 그런 짓은 하지 않기로 했다. 손주의 인생은 손주의 인생이다. 손주가 내 인생을 대신 사는 것은 아니다. 손주가 기쁜 것은 단지 손주 때문이다. 나는 내 기쁨으로 살아야 한다. 그러나 막상 손주를 보자 그런 생각은 다 공론이었다.

아들 내외는 손주가 크는 모습을 동영상으로 담아 가족 단톡에 올렸다. 단지 그것만 했는데, 그동안 섭섭했던 우리 부부와 아들 내외와의 관계가 좋아진 것으로 착각했다. 나는 손주 사진을 프로필 사진으로 올렸다. 내 눈치를 보던 아내도 따라 했다. "우리 나이 먹은 건가? 이게 사는 낙이지." 그게 정말 사는 낙일까. 손주를 동영상으로만 봤는데, 손주 한번 안아보지 못하고…. 손주 한번 안아봤으면 좋겠다. 이것은 집착인가 희망인가?

| 심리 읽기

필자는 부모 교육하면서, 손주 사진을 프로필 사진으로 쓰지 말라고 한다. 그것은 손주를 사랑하는 것인지, 내 인생을 손주로 대체하고 싶은 것인지, 아들 부부에 대한 도리라고 생각하는 것인지. 진지하게 물어야 한다.

7. 여보, 우리끼리만 행복하게 잘 살자

　손주가 아장아장 걷자, 아들 내외는 손주와 한 일주일 함께 보내라고 우리 부부를 미국에 초청했다. 편도 항공권은 끊어줬다. 미국에 간 우리 부부는 마음을 비우고 그곳에서 일어나는 모든 일을 받아들이기로 작정했다. 손주와 놀아주는 일은 즐거웠으나 몸은 고됐다. 아이를 보는 일에서 해방된 아들 내외는 우리에게 아이를 맡기고 저희끼리 가벼운 외출을 하거나 파티에도 갔다. 나에게는 정원 잔디 깎는 일을 부탁하기도 했다. 그 일은 몸에 밴 일이다. '놔주는 것'을 공부한 나는 기분 나쁘지는 않았다. 아들이나 며느리나 유색인으로 미국 사회에 적응하느라 힘들었고, 아이 낳느라고 힘들었다. 이참에 좀 쉬게 해준다고 생각하니 기뻤다.

　귀국하는 공항 대기실에서 있었던 일이다. 우리는 공항 로비에서 간식을 먹었다. 나는 그 쓰레기를 비닐봉지에 넣어서 들고 있었다. 손주는 아내가 안고 있었다. 옆에 앉아 있던 며느리가 화장실 간다고 일어섰다. 나는 무심결에 비닐봉지를 며느리에게 주며 말했다. "가는 길에 이것 좀 버려 줄래." 며느리는 아무 말 없이 비닐봉지를 받았.

　잠시 후, 며느리는 다른 좌석으로 가서 아들을 불렀다. 며느리는 짜증 내며 아들에게 말했다. "아니, 어떻게 쓰레기를 저에게 주나요. 많은 사람이 보는 데서. 아버님은 저를 공항 청소부로 아시나 봐요." 우리 부부가 들으라고 일부러 크게 말했다. 이건 또 뭔 상황인가. 그냥 어이가 없었다. 인상을 잔뜩 쓴 아들이 내게 오더니 다짜고짜 따졌다.

"아버지, 어떻게 며느리에게 쓰레기를 다 주나요."

나도 화가 났다.

"화장실 가는 길에 쓰레기 좀 버려 달라는 것이 잘못됐나?"

"그렇지 않아도 아내는 아버지와 어머니를 불편해해요. 그 이유는 저도 기분 나쁘게 하지만…. 그래도 가정이 먼저인 거죠. 그건 그렇고 며느리에게 쓰레기 준 것은 잘못이에요. 사과하셔야 해요."

애들이 부모가 촌에서 몸 쓰는 일을 한다고 무시하나. 며느리 아버지는 중소기업체를 운영하는 정말 사장이다. 나 같은 날품팔이 사장이 아니다. 열등감이 막 올라왔다. 곧 석사학위를 받을 며느리는 미국 특수학교에 교사로 취업할 예정이다. 나는 할 말을 잊었다. 할 말이 없다. 어떤 말을 하더라도 아들은 항변할 것이다. 놔 버려야 한다. 놔 버리기 연습은 정말 힘들다. 힘들어도 해야 한다. 그래야 내가 산다.

여기 오는 게 아니었다. 손주가 뭐길래. 한 주간 손주 돌보고, 집 청소해주고, 정원 정리해줬다. 일만 했다. 고맙다는 말도 없다. 그리고 마지막 선물은 시아버지가 며느리에게 사과하라는 거다. 내가 시대에 뒤떨어진 것인가, 아이들이 별난 것인가. 우리는 한국으로 돌아가는 항공기 안에서 몇 시간을 멍하니 앞만 바라보거나 눈을 감고 있었다. 아내가 몸을 뒤척이더니 내 손을 꽉 잡고 말했다.

"여보, 우리끼리만 행복하게 잘 살자."

나는 아무 말도 하지 않았다. 아내가 말했다.

"어젯밤, 아이들 방에서 며느리가 하는 소리를 들었어. 당신 부모가 당신에게 물려줄 것이 뭐가 있냐고."

심리 읽기

집요한 가족주의에서 벗어나게 하는 일은 가족관계 안에서 늘 일어난다. 이를 성장의 기회로 삼을 것인가, 반면 실망의 이유로 삼을 것인가는 각자의 몫이다. 가족을 떠나야 가족이 제대로 보인다. 한편 부모의 아낌없는 헌신을 받은 아들은 과대한 자기애로 고착돼, 타자와 감정이입 능력이 떨어진다. 부모의 위대한 착각은 자식에게 과대한 헌신을 했다고 과대한 보상이 돌아올 것이라고 믿는 것이다. 그동안 아들 자랑 많이 하고 다니며 다른 사람을 불편하게 했으니, 이제는 그 대가를 치러야 한다.

8. 무너질 것은 무너져야 재건한다

귀국 후 우리는 거의 매일 울적했다. "며느리는 우리가 남길 재산으로 우리를 평가하나!" 결혼식을 치른 아들 내외는 펜션에서 한 주간 머무른 적이 있다. 그때 나는 부모가 어떤 일을 하여 학비를 벌어 대줬는지 아들에게 보여주고 싶었다. 그게 다 손과 발로하는 노동이다. 아들 내외가, 아니 아들이 한 번이라도 손님이 떠난 객실을 함께 청소해 주기를 바랐다. 그러나 아들 내외는 마치 객실 손님처럼 체크 아웃 시간에 펜션을 나가 저녁 늦게 돌아왔다. 그때부터 놔주기 연습을 해야 했는데….

내가 변해야 산다. 내 존재 이유요 삶의 목적이었던 가족 체계가 무너졌다. 무너지지 않고는 새로 태어나지 않는다. 가족을 보는 내 생각이 바뀌어야 한다. 내 마음의 변화를 눈치챈 P가 말했다.

"아들을 보면 아들이 보이고, 너를 보면 네가 보인다. 누구를 보고 살거니?"

잠시 생각할 시간을 준 P는 말을 이었다.

"너는 너만의 기준을 가졌어. 기준이 높은 사람은 자기를 들여다보지 않아. 그리고 그 기준으로 타인을 봐. 지금은 너를 볼 시간이야. 지금까지 네 인격의 중심이라고 믿은 도덕적 신념들, 그것은 너의 가면이었어. 봐라, 너는 아들이 너로부터 분리하려는 시도에 잔혹한 도덕적 기준을 들이대고 있잖아. 지금은 서로가 모르겠지만, 아들 내외는 너의 위선적 가면을 벗겨주려는 거야. 이해할 수 없겠지. 이렇게 삶은 늘 다 각도로 얽혀 있어."

위로는 못 할망정 잔소리나 하는 P가 미웠으나, P의 말은 구구절절 사실이었다. 들켜 버렸다. 나는 낙천적인 사람이다. 나의 가장 큰 착각은 가족도 내가 원하는 행복의 틀 안에 넣을 수 있다는 낙관이었다. 나는 낙관주의로 포장한 강한 틀을 가진 사람이다. 나의 친절에 매료된 여성들은 아내에게 말하곤 했다. "남편이 다정해서 좋겠어요." 그럴 때마다 아내는 입을 한 뼘이나 내밀고 말했다. "빌려줄 테니 딱 한 주만 살아 보세요."

나는 친절한 사람이다. 그러나 타자를 보는 도덕적 기준은 얼마나 완고했는지? 높았다기보다는 완고했다. 미국은 개성을 중요하게 여기는 자유로운 사회이다. 그곳에서 십여 년을 보낸 아들 내외는 본능적으로 나의 태도에 저항했을 것이다. 내가 그들에게 저항한 것처럼 말이다. 그동안 자녀 때문에 힘들어하는 사람의 이야기를 들으면 다 남 이야기였다. 들으려 하지 않고 나의 성공적 아들 양육기를 표본으로 제시하려 했다.

백인 중심의 사회에 비집고 들어가 적응하고 살아남느라 애쓴 아들 내외의 고생은 보이지 않았다. 엄청난 학비를 자랑하는 대학을 아들이 졸업하기까지, 손가락과 발목에 관절염이 생기도록 육체노동을 한 부모의 고생을 알아주기를 바랐다. 단지 조금이라도. 나의 바람은 소박한 것이다. 그러나 모든 바라는 것에는 반드시 대상이 있다. 우리는 대상의 마음을 강요할 수는 없다. 그래도 가족이니까 강요할 수 있는 것이라고? 아니, 가족이니까 더 강요할 수 없다. P가 말했다. "놔 줘라. 아낌없이. 그리고 아무것도 바라지 말라. 그래야 네가 갇힌 세계에서 나온다."

심리 읽기

사람이 평생에 걸쳐 하는 개성화 또는 자기실현은 파괴하고 재건하고, 또 파괴하고 재건하고를 반복하는 긴 여정이다. 그 어떤 사람도 이 여행에서 예외가 없다. 혹시 파괴와 재건을 반복하지 않는 사람이 있다면, 그는 신의 축복을 받은 사람이 아니라 스스로 자기실현을 거부한 사람이다. 그는 행복한 사람이 아니라 본질과 멀어진 불행한 사람이다. 사람의 가장 깊은 무의식의 구성 요소인 원형이 하는 위대한 일은 파괴와 재건, 즉 각자의 성장을 돕는 일이다. 이들 부부에게 중요한 것은 '상실감 극복하기'이다. 하나의 상실을 극복하면 상실을 넘어 있는 충만을 얻는다. 상실은 충만의 모토이다.

7장

너 외로움아, 춤을 춰라

춤을 추며 살다 간 친구를 애도하며…

1. 친구의 휴대폰이 꺼져있었다

2020년 ○○월 ○○일 금요일 아침, 친구에게 전화했다. 휴대폰이 꺼져있다는 음성이 들렸다. 저녁때도 친구의 휴대폰에서는 같은 음성만 들렸다. 다른 때 같으면 친구는 휴대폰을 켠 후 바로 전화했다. 이상하다. 토요일 아침에도 친구의 휴대폰은 꺼져있었다. 불길한 예감이 들었다. 나는 집 청소를 하고 있었다. 친구가 곁에서 내 이름을 부르는 것 같았다. 평상시와는 달리 친구 목소리는 매우 평온했다. 그것은 귀보다 더 세밀한 마음으로 들리는 소리여서, 친구의 체온이 내게 전달되는 것 같았다. 혹시? 설마.

토요일 저녁에도 휴대폰은 꺼져있었다. 친구는 오래전에 이혼해서 혼자 산다. 실종신고를 해야 하나. 혼자 산다고 하지만, 가족도 아닌 내가 이틀을 전화 받지 않았다고 실종신고를 하는 것은 아닌 것 같다. 실종신고를 하면 친구가 사는 아파트에 경찰관이 출동한다. 나 때문에 그의 사생활이 침범당하면 안 된다. 일요일 아침과 점심, 그리고 저녁도 친구의 휴대폰은 계속 꺼져있었다. 월요일, 나는 지체할 수 없었다. 경찰에 실종신고를 했다.

> 심리 읽기

　우리가 흔히 말하는 텔레파시는 비과학적인 것으로 평가절하된다. 과학을 넘어 있으니 비과학이라 할 수 있다. 논란의 여지는 있겠지만 무의식은 과학적 데이터로 보여줄 수 없으니 비과학이라는 심리학자도 있다. 그러나 인간의 정신을 전부 객관화할 수 있는 데이터로 보여줄 수 있다면, 그것은 이미 인간의 정신이 아니다. 무의식은 의식적 수준에서 알 수 없는 것들을 직관이라는 통로로 의식을 노크한다. 그때 사람이 느끼는 것은 이상한 예감 같은 것이다. 이것을 텔레파시라고 하고 분석심리학에서는 동시성의 원리라고 한다. 우리가 누군가에게 주의를 집중한다면, 그런 경험도 종종 일어난다.

2. 진정한 춤꾼은 춤의 오르가슴을 안다

　코로나19 바이러스가 무자비한 인명피해를 내기 시작할 무렵, 나는 집안에 틀어박혀 있을 친구가 걱정돼 전화했다. 친구의 목소리는 밑으로 쫙 가라앉았다. 우린 잘 지내니, 건강은 어떠니, 코로나 조심하자, 하는 형식적 대화를 하고 휴대폰을 끊었다.

　밖에서는 말을 많이 하고 밝은 그였다. 혼자 살기에는 넓은 아파트 거실에서 TV 리모컨을 만지작거리며 혼자 있을 친구, 우울했을 것이 뻔하다. 친구는 다독으로 다양한 지식을 가지고 있었으나 고지식했다. 농담이나 재미있는 말과는 거리가 있었다. 그러다 춤 이야기만 나오면 신명이 난다. 신명이 난 그의 눈빛, 표정, 자신감 넘치는 말투에서 나는 그의 남모르는 우울을 눈치챘다. 그가 밖에 나와 기분이 상승하는 것은 그만큼 집에서는 기분이 하강했다는 것이다.

　친구는 사교댄스와 스포츠댄스를 즐기고, 그 분야 강사이기도 하다. 그는 춤을 추고 가르치는 일을 소명처럼 여겼다. 춤 전도사 같다. 사교장에서 다양한 사람을 만나 음악에 맞추어 함께 춤을 추고 가르치며, 그날 그 장소를 축제로 만드는 일은 친구에게 삶 자체이다. 젊어서는 고시 준비를 했었다. 고시생이 춤꾼이 됐다, 어울리지 않은 조합인가. 서로 상극이기에 더 잘 어울린다. 고시는 합격한 그 순간만 기쁨을 준다. 불안정했지만 춤은 고시 합격의 기쁨보다도 더 큰, 그리고 더 긴 기쁨을 그에게 제공했다.

춤꾼 하면 사람들은 색안경을 끼고 본다. 여성들 허리나 돌리며 농락하는 놈 아냐. 친구는 그런 부류와는 아주 거리가 멀다. 친구에게 춤은 고시생의 시험 과목처럼 진지하다. 남녀가 함께 몸을 돌리며 긴장이 풀어질 즈음에 찾아오는 춤의 절정은 다른 어떤 것과 비교할 수 없는 그것만의 오르가슴이 있다고 했다. 그래서 춤 중독도 있다. 동화나 민담의 좋은 결말은 남녀가 서로 허리를 감싸고 춤을 추는 것으로 끝난다. 춤은 영적으로 한 단계 상승한 자기실현의 상징이기도 하다. 그래도 사람은 사람이다. 친구의 눈가에는 오랜 세월 혼자 살아온 외로움이 움푹 파여있었다.

"혼자 사니 외롭잖아. 댄스 파트너와 잘 해봐. 뭐 그러다가 눈이 맞으면 같이 살 수도 있는 거지."

친구는 웃으면서 말했다.

"그건 춤꾼이 아니라 제비지. 춤꾼은 오직 춤만 추는 거야."

"그래도 외로운 남녀가 만나 정을 나눌 수도 있지."

"정? 정보다 더 깊은 것은 춤의 절정이야."

고지식하고 가르치기 좋아하는 그에게 춤을 배우려는 여인은 있어도, 연애하려는 여인은 없었을 것이다. 그의 인생 경험으로 그 나이에 남녀가 서로 감정을 주고받으면 결국 좋은 일은 없다는 것을 알았을 터이다. 그래서 감정을 극도로 절제했을지도 모른다. 이후 나는 농담이라도 그런 말을 꺼내지 않았다. 친구만의 신성한 영역에 재를 뿌리면 안 된다.

 몸으로 하는 것을 천시 여기는 유교적 풍습에 따라, 우리 조상은 좋은 일이 생기면 얼굴에 탈을 쓰고 춤을 췄다. 요란한 꽹과리 소리에 맞추어 덩실덩실 온몸이 저절로 들썩인다. 춤을 추는 그 시간에는 세상 모든 염려에서 벗어난다. 춤의 절정은 내가 나로 표현되는 황홀경 상태이다. 춤은 세속에 찌들어 분열된 몸과 마음이 동작으로 하나 되어 만나는 신성한 행위이다. 그런 의미에서 친구는 춤 전도사였다. 오래전, 나는 춤에 깊이 빠져 아내에게 이혼당하고 자식에게 버림받은 60대 남성을 다년간 심리상담을 한 적이 있다. 그분이 말했다.

 "음악이 나오면 몸이 저절로 덩실덩실 움직여요. 그 순간 나는 꿈의 나라에 들어가죠. 그러면 꿈의 나라가 진실이 되고, 세상사는 다 꿈이 되고 말아요. 그러니 춤에 안 빠질 수가 없지요. 춤에 빠지는 것은 나쁘지 않아요. 너무 빠져 처자식에게 버림받은 것도 춤을 추며 다 잊죠. 춤의 절정을 느껴보지 못하고 세상사에 빠진 처자식이 가짜이고, 춤에 빠진 저는 진짜인 거죠. 진짜를 알았는데 어떻게 가짜에 빠질 수가 있겠어요. 그래서 사람들은 저를 춤 중독자라고 해요."

나는 친구의 춤이 어떤 의미를 가졌는지 가장 깊이 이해한다. 친구는 춤에 관해 이야기할 기회가 생기면 장소를 가리지 않고 목소리를 높인다. 자기 말에 자기가 홀린다. 마치 우리가 춤을 배우러 온 학생이나 된 듯 우리에게 춤을 가르친다. 시범을 보이기도 한다. 진정한 춤꾼인 그는 춤에 홀렸다.

내가 물었다. "넓은 집에 혼자 있으면 더 외로울 텐데. 적은 평수로 이사하지?" 친구가 말했다. "그 집은 어머니를 모시다가, 어머니가 떠나신 집이야. 내게는 어머니의 추억을 간직한 곳이지. 어머니 자체이기도 해." 친구는 마음속에서 어머니를 떠나보내지 못했다. 그 집에 물리적 어머니는 없어도, 정서적 어머니는 계신 것이다. 그래서 덜 외로웠다. 나는 친구의 외로움과 이혼의 이유에 대하여 한 발자국 더 다가갈 수 있었다.

심리 읽기

친구에게 춤은 현실적 패배감과 그가 추구하는 이상 사이에서 그를 달래줄 뿐만 아니라, 그의 삶 자체이기도 하다. 춤에서 파트너와 함께 느끼는 일체감, 몰입감, 황홀감은 그가 고단한 현실을 살아내는 에너지의 원천이기도 하다. 대상관계이론에서 이를 중간대상이라고 한다. 고시 낙방 후 이렇다 할 직업을 가지지 못한 패배감, 다독으로 다져진 그의 이상 세계와 현실 사이에 그의 춤이 있었다. 춤은 그에게 약간의 경제적 수익도 가져다줬으니, 그는 춤으로 괴로운 현실을 피한 것만은 아니다.

3. 나의 춤에는 내 인생철학이 있다

친구는 춤에 빠져 이혼당한 것이 아니다. 안정을 얻고 평생을 부자유하게 사느니, 차라리 불안정하더라도 자유롭게 살겠다고 이혼을 선택했다. 그리고 친구는 평생 할 수 있고 잘할 수 있는 것을 찾아 춤꾼이 됐다. 친구가 전 아내에 대해 잠깐 말한 적이 있다. 그때 나는 친구에게 말했다. "너에게 이혼은 우연이 아니라 필연이었구나." 친구는 자기가 옳다고 여기는 신념에는 양보하지 않는다. 친구는 자신의 이혼에 대하여 더 말하는 것을 꺼렸다. 단 이 말 하나는 들었다.

"내가 중학교 때에 교통사고로 뇌를 크게 다쳤어. 큰 뇌수술을 받았고, 생사의 경계를 오갔네. 그 후유증으로 편두통이 심해 고시를 접었다네. 그런 것들도 이혼의 사유가 됐겠지."

친구는 간헐적 우울과 강박적 행동이 교통사고로 인한 외상 때문이라고 했다. 나는 교통사고보다는 미처 떠나보내지 못한 엄마에 대한 그리움이 신경증적 증상으로 나타난 것은 아닌지 의심했다. 친구가 춤의 절정에서 경험하는 것은 유년기에 엄마의 품에서 엄마와 하나 된 황홀감은 아닐까.

엄마는 친구의 교통사고를 자신의 실수 때문이라고 생각했다. 그러면 그로 인한 후유증과 이혼도 다 엄마 때문이 된다. 엄마는 살아있는 동안 이런 죄책감을 느꼈고, 친구는 엄마와 함께 있으면서 서로의 우울 감을 위로하지 않았을까. 우울을 깊이 경험한 사람은 그 에너지를 사용해 타자의 우울에 놀라울 정도로 접근한다. 예술과 문화, 그리고 과학의 산물은 우울한 사람이 외부와 접촉을 꺼리며 자기 세계에 깊이 들어가 만든 창조물이다. 뉴턴과 아인슈타인도 우울했다는 것은 널리 알려진 사실이다. 친구는 춤으로 타자의 외로움에 접근해 그들을 위로 했다. 그의 춤 파트너와 함께, 매일 같은 동작이지만 매일 다른 춤을 창조했을 것이다.

우리는 40년 만에 중학교 동문 밴드를 통해서 재회했다. 나는 그를 기억 못 했지만 친구는 나를 선명히 기억하고 있었다. 나에 대한 친구의 회상이다. "어떻게 저렇게 맑고 순수한 사람이 있는가 했다. 너의 표정과 눈빛을 눈여겨봤다. 그래서 '오늘의 너'가 됐구나." 내가 '오늘의 나'가 된 것의 원인은 이미 과거에 있었다는 것이다. 친구는 내가 모르는 것을 나에게 가르쳐주듯 신이 나서 긴 강의를 했다. 버스 안에서 친구의 강의는 분석심리학의 '동시성의 원리'라는 개념으로 충분히 정리할 수 있는 내용이었다. 친구는 내가 분석심리학 선생이라는 것을 알고 있을 텐데, 그것은 친구에게 중요하지 않았을 것이다.

맑고 순수하다니, 그 당시 나는 정서적 경제적 불안정한 환경으로 꾸역꾸역 하루 해를 넘기고 있었다. 나는 현실이 싫었다. 등하굣길은 물론 수업 시간에도 내 생각은 4차원, 5차원의 세계를 오갔다. 나는 누구인가, 삶은 무엇인가, 죽음은 무엇인가, 이 지구는 언제부터 생겨났을까, 하늘의 별은 또 무엇인가, 나는 외로운 그 시기에 이런 물음과 씨름했다. 그 시기에 어머니까지 돌아가셨으니 나는 혹독한 우울과 싸워야 했다.

친구가 나에게 본 모습, 그 모습은 친구도 잘 모르는 친구의 또 다른 모습일 것이다. 40여 년 세월이 흐른 뒤에 만난 우리의 공통점은 세상에 대한 욕심이 없다는 것, 이 세상은 삶은 잠깐 스쳐 가는 그림자라는 세계관, 그리고 각자 삶의 목적과 방향이 분명하다는 것이다. 그는 춤으로 타인의 아픔과 함께했고, 나는 신학과 심리학 그리고 저술 활동으로 타인의 아픔과 함께했다. 그 당시 내가 몰랐던 나의 어떤 부분을 친구에게 들으며, 나는 어린 시절에 간절히 원한 마음의 동경이 곧 삶의 로드맵이 된다는 나의 평소 신념을 확인할 수 있었다.

비록 고시 합격은 못 했지만, 다년간 고시 준비는 친구에게 삶의 중요한 이정표를 제시해 줬다. 나는 그 이정표는 고시 합격보다 더 찬란히 빛나는 선물로 본다. 만일 고시에 합격했다면? 서슬이 시퍼런 군사정권에서 현실과 타협 못 하고 원칙에 충실한 친구에게 큰 어려움이 생겼을 수도 있다. 친구는 고시에 몰입하던 정신 에너지를 춤으로 전이시켰다.

> 심리 읽기

　동시성의 원리는 분석심리학 용어로서 심오한 의미를 가졌지만 단순하게 정의하면 '의미 있는 우연의 일치'이다. 친구는 나의 어린 시절 중에 나도 몰랐던 어떤 것을 봤을 것이다. 그 후 40년이 지난 후, 과거에 나에게 본 것이 지금 내 삶에 그대로 이루어졌다고 본 것이다. 결국 사람은 어릴 적 그가 동경한 것을 이루고 만다. 어린 시절일수록 무의식적이고, 무의식적일수록 무의식 층에 있는 원형은 어떤 형태로든 의식에 나타난다.

　동시성의 원리라는 관점에서 보면 중학교 때 일어난 친구의 교통사고는 불운이 아니다. 원형이 그가 앞으로 살아갈 삶의 방향대로 안내한 것이다. 그럼 교통사고의 원인을 당신에게 둔 엄마의 죄책감은 무엇인가? 엄마의 죄책감도 엄마 그리고 친구 삶의 일부가 아닐까. 그러나 이 부분은 매우 심오한 것으로 쉽게 결론을 내릴 수는 없다. 다만 인생의 목표를 개성화로 한다면, 이 모든 문제의 실마리는 풀린다. 친구는 이것을 알았으나, 현실은 너무 외로웠다. 너무 어려운 과제를 들고 세상으로 왔다.

4. 나에게 중요한 것은 인간성 하나이다

　내 공허한 시간, 나는 신에게 몰두했다. 무엇이든 빠지면 깊이 빠지는 나는 급기야 신학을 공부했다. 친구 역시 자신을 달래는 방법으로 교회를 선택했다. 친구 역시 빠지면 깊게 빠지는 성향이라 목사가 들려주는 설교로 만족할 수 없었다. 역사에 특히 관심이 많은 친구는 예수 운동이 어떤 과정으로 기독교가 됐는지 그 부분을 깊게 연구했다. 그는 본질이 아닌 것을 걸러내야 본질을 알 수 있다고 했다.

　신학대학에 입학한 1년간, 나는 기존 신앙관이 뿌리째 흔들렸다. 다시 신앙을 새롭게 재건해야 하는 힘든 과제를 떠안았다. 친구는 기독교 신학의 중요한 기반이 된, 예수의 존재 방식에 대한 내용을 담은 아리우스와 아타나시우스의 논쟁에 대해서도 해박한 지식이 있었다. 신학을 전공하지 않았는데, 그 정도 신학 지식을 가진 사람을 나는 처음 봤다. 그는 무교회주의자가 됐다. 그는 다양한 영성 서적을 읽으면 자기만의 영적 오솔길을 개척해 걷고 있었다.

　나는 친구와 종교를 주제로 대화하면 오장육부가 다 들썩인다. 나는 종교와 신학에 관한 다양한 책을 읽었고, 친구는 필요한 책만 골라 읽었다. 친구는 늘 자기가 믿는 것이 정설이다.

"나, 6년간 신학 공부를 한 사람이야."

"나는 신학대학에서 가르쳐 주지 않는 신비주의 연구가거든."

"내 석사 박사 논문이 다 신비주의 연구야."

"나는 연구자가 아니라 실제로 가본 사람이거든."

친구는 자신이 알고 있는 것에는 조금도 타협하지 않았다. 친구의 외골수 특징은 그냥 그가 가야 할 삶의 오솔길이다. 그는 삶과 죽음, 그리고 우주의 원리에 대한 정리된 입장을 가졌다. 그의 대전제는 나와 공통점이 있었다. 친구는 세상이 삶의 목적인 것처럼 사는 사람을 싫어했다. 나 역시 그랬다. 친구들 모임에서 그가 한 말이다. "나는 사람을 볼 때 그의 인간성 하나를 본다. 그의 외적인 것은 고려 대상이 아니다." 단체 카카오톡에 떠돌아다니는 좋은 말이 아니다. 친구는 정말 그런 인간론을 가졌다.

중학교를 졸업하고 몇십 년 만에 만난 친구들이다. 사회적 신분과 재산에 따라 사람을 평가하려는 기류는 있다. 이런 분위기에 찬물을 끼얹고 자신을 돌아보게 하는 말, 우리는 귀담아듣는 것 같지 않았지만 은근히 귀담아들었다. 우리는 그럴 나이이다. 나는 친구의 직언에 박수를 보냈다. 내가 하고 싶은 말을 대신해 줬다. 우리 나이에 사람은 바뀌지 않는다. 그래야 쇠귀에 경 읽기다. 그래도 옳은 말은 누군가의 입으로 외쳐야 한다.

| 심리 읽기

 외곬은 자기의 생각이나 사상이 다른 것에 의하여 오염되는 것을 막는 일종의 방어기제다. 사람은 무엇을 어떻게 방어하는지가 곧 그의 가치관이 된다. 자신의 콤플렉스를 방어하는 데에 심혈을 기울인다면 그는 방어적인 사람이 된다. 친구처럼 자신의 가치관을 굳게 지키기 위해 방어기제를 사용한다면, 그는 가치관이 분명한 사람이 된다. 한 사람의 인간성은 그의 가치관에 종속된다. 친구의 고지식하고 단호한 면은 몰인정하다고 비난받기도 했다. 자기 가치관에 충실한 사람은 종종 몰인정한 사람으로 비칠 수 있다. 그러나 친구는 정이 많았다. 그 정을 값싸게 내주지 않았을 뿐이다.

5. 춤은 인생의 높은 곳을 향해 한 발짝, 한 발짝 오르는 것이다

사교 댄서는 물리적으로, 파트너의 배우자 빼고는 이성 상대와 가장 가까이 서 있다. 상대 이성의 숨소리를, 심장의 고동 소리를, 체온을, 체취를 가장 가까이서 경험한다. 친구와 짝이 되어 춤을 춘 상대 여성은 친구를 오직 춤 하나로 사는 사람으로 봤을 것이다. 상대방 여성이 말했다며 친구가 나에게 들려준 말이다. "○○○님과 춤을 추면 내가 춤을 추는 게 아니라, 내가 춤인 것 같아서 좋아요. 추고 나면 세상은 춤을 추는 곳이구나 하는 생각이 든다니깐요."

짓궂게 친구에게 농을 한다. "그래서 몇 명의 여성을 농락했니." 친구가 말했다. "그런 사람도 있겠지. 그는 춤꾼이 아니라 춤을 이용하는 사람이야. 나에게 중요한 것은 춤이야." 자기가 하는 일이 곧 자기인 사람, 그는 행복한 사람이다. 그 일로 다른 생각을 품으니 그도 괴롭고, 그 괴로움이 모이고 전이되어 세상은 괴로움의 하치장이 된다.

막강한 권력으로 국민을 보살펴야 하는 대통령이 다른 생각을 품으면, 그는 사익을 챙기고 나라는 망가진다. 그러면 주변의 사람들도 덩달아 그 일에 가담한다. 만일 친구가 대통령이 된다면? 친구는 고지식한 불통 대통령이 됐을 것이다. 그러나 사익에는 관심조차 없고 오직 국민만을 생각한 대통령으로 기록될 것이다. 이 글을 쓰면서 나는 이런 엉뚱한 생각을 다 한다.

친구는 나의 산행 친구이기도 하다. 자연과의 일치감은 영혼을 정화하고 고된 인생에 큰 에너지가 된다. 우리가 함께 산을 오른다고 무슨 인생 철학을 나누는 것은 아니다. 그랬다면 우리는 아름다운 자연을 쓸데없는 논쟁으로 오염시켰을 것이다. 산행 중 우리의 대화는 아주 가벼운 일상사이다. 말은 짧을수록 좋다. 그래야 여운이 있다. 산에 오르며 우리가 자주 하는 말이 있다. "좋다." 어떤 때는 이 말이 습관적 의성어로 들리기도 한다. 요가에서 말하는 우주의 소리, '옴~' 같기도 하다. 나는 '아!' 감탄사 하나 넣으라고 했다. "아! 좋다."

등산 제의는 항상 내가 먼저 했고, 친구와 또 다른 친구는 선약이 없는 한 내 제안에 100% 동의했다. 댄스로 다져진 단단한 근육과 심폐기능으로 친구의 산행 능력은 나보다 항상 앞섰다. 친구가 앞서 산을 오르는 뒷모습을 보고 말했다. "너에게 산행은 또 다른 춤이구나." 친구는 뒤를 돌아 나를 힐긋 보고는 말했다.

"너에게 춤을 가르쳐 주고 싶다."

"난 진짜 몸치다. 단순한 손뼉 치기 '세, 세, 세'도 잘 못 한다."

"몸치는 춤을 거부해서 몸치가 된 거야. 춤은 타고난 재능하고는 상관없어. 누구나 다 춰."

친구는 정식으로 춤을 배우지 않고 흉내나 내면서 춤에 대해 아는 척하는 사람을 질색한다. 그런 사람은 춤을 한낱 쾌락의 수단으로만 본다는 것이다. 친구에게 춤 동작은 인생의 높은 곳을 향해 한 발짝, 한 발짝 오르는 것이다.

심리 읽기

춤을 주업으로 하는 친구의 취미는 등산과 독서이다. 춤, 등산, 독서. 세 가지의 공통점은 현실과의 거리감이다. 현실과 거리감 있는 것에 특별한 관심을 가지고, 반대로 현실적인 것에는 거리감을 유지하는 성격을 분열성 성격이라고 한다. 분열성 성격의 장점은 본인이 소중하다고 생각하는 것에 남다른 집중력을 가진다. 예술, 음악, 문학, 과학에 업적을 남긴 사람들은 대부분 분열성 성격의 범주에 들어간다. 이들이 가장 힘들어하는 것은 공허한 감정이다. 이들이 부지런만 하면, 공허해서 자기 일에 더 집중할 수도 있다. 독신인 친구는 공허를 달래는 방식으로 '지금 내가 하는 일에 집중하기'를 선택했다. 친구는 아무리 사소한 것이라도 사활을 걸고 한다. 그런 그의 삶이 별나 보이기는 하지만, 세상에서 가장 큰 만족은 지금 여기서 내가 할 수 있는 것에 집중에서 하는 사람의 몫이다.

6. 칠갑산 정상에서 춤을 추다

2020년 ○○월 ○○일. 모처럼 미세먼지가 없어 하늘은 높고 맑았다. 전형적 가을 날씨이다. 우린 칠갑산을 산행했다. 칠갑산 초입에는 호수가 있었다. 친구가 말했다. "좋다. 호수를 보고 산을 오르는구나." 내가 말했다. "아! 좋다." 칠갑산 산세는 부드러워 오르기 편했다. 가요 '칠갑산'처럼 콩을 메기 좋은 산이다. 우린 연신 '칠갑산 좋다'하며 정상에 올랐다. 그날따라 유난히 잠깐 쉴 때마다 친구는 댄스 이야기를 자주 꺼냈다. 기분이 아주 좋은 것이다.

우린 칠갑산 정상에서 점심을 먹었다. 친구는 각종 춤 이야기에 매우 흥겨워했다. 정상에서 점심을 먹던 한 여성이 친구의 이야기에 변죽을 맞춰줬다. 친구는 더 신나게 춤 요약 강의를 했다. 나는 이 흥을 더 키우고 싶었다. 춤과 산을 좋아하는 친구, 칠갑산 정상에서 춤을 추게 하면 어떨까? 두고두고 잊지 않을 추억이 될 것이다.

"야, 너 말만 하지 말고 여기서 시범을 보여라."

"여기서?"

"칠갑산 정상에서. 이보다 더 멋진 시범이 어디 있겠어."

주변에 우리 이야기를 들은 몇 사람이 손뼉을 쳤다. 친구는 주변을 한번 둘러보더니 평평한 자리를 잡았다. 그리고 유연하고 박진감 넘치는 춤 동작 몇 가지를 선보였다. 나는 'WOW'를 외쳤다. 주변에 있던 등산객들이 시선을 모았고, 작은 환호도 보냈다. 그래야 일이 분 정도다. 친구를 만난 8년 만에 나는 가장 즐거워하는 친구를 봤다. 하산 길에 나는 친구에게 말했다. "앞으로 산에서 춤추는 일은 다시 없겠지." 친구는 웃으면서 말했다. "그럼, 할 일 다 한 거지." 움푹 파인 눈가에는 친구의 오랜 외로움이 베여 있었다. 할 일을 다 했다는 말이 내 마음을 떠나지 않았다.

심리 읽기

사람이 떠날 때가 되면, 그의 무의식은 안다. 무의식은 그가 떠날 때를 꿈, 직관, 환시나 환청 등을 통해 미리 보여준다. 무의식은 죽음을 드러나지 않게 사인으로 보내기에 본인은 대체로 모르고 지나가나, 지나고 나면 떠나는 그의 사인이 하나둘, 그 의미가 밝혀진다. 친구는 좋아하는 산 정상에서 좋아하는 춤을 췄으니, 할 일을 다 한 것이다.

7. 치악산 좋지, 아니 너와 함께해서 좋다

　칠갑산 산행 후, 한 달이 지난 2020년 ○○월 ○○일, 늦가을이었다. 우리는 치악산에 가기로 했다. 산행 일정을 보니 12.5킬로 6시간 30분이었다. 치악산도 '악' 소리 나는 산인데, 우리 나이에 너무 무리한 것은 아닌가 했으나 친구나 나나 이미 계획된 산행을 취소한 적은 없었다.
　그날 친구의 산행 능력이 전과 같지 않았다. 가파른 곳에서는 친구가 항상 앞에 가고 나는 뒤따라가기에 바빴다. 친구는 자꾸 내 뒤로 처졌다. 이상했다. 내가 기다렸다가 같이 가줬다. "왜 그래. 어제 뭐 했길래?"
　친구가 말했다. "힘든 일이 좀 생겼어." 좀처럼 개인사 감정을 드러내지 않는 친구가 힘들다고 표현한 것은 정말 힘든 일이 생긴 것이다. 나는 '힘내'라는 말을 못 했다. "시간을 벌어 봐." 기껏 한 말이다. 유난히 힘들게 산을 오르던 친구는 알아들을 수 없는 말로 혼잣말을 하곤 했다. 불안해 보였다. 나는 친구의 마음을 달래려 말했다.
　"○○아, 나뭇가지만 남은 만추 산행 고즈넉해서 좋다. 어때?"
　"좋네."
　"아, 좋지?"
　"응, 너와 함께해서 좋아."

친구는 자꾸 내 뒤로 처졌고, 우리는 같은 말을 되풀이했다.

"좋다."

"치악산이 좋지."

"너와 함께해서 좋다."

나와 함께 해서 좋다, 자존심이 강한 친구가 처음 쓴 표현이다. 나는 친구의 얼굴을 유심히 봤다. 그날따라 모진 인생을 살아온 감정 곡선이 여기저기서 보였다. 그런데 평온해 보였다. 황혼에 새로운 여행을 준비하는 지혜 노인 같았다. 지혜자는 황혼을 두려워하지 않는다. 황혼은 끝이 아니라 새로운 차원에서 시작이기 때문이다.

산행을 마치고 우리는 경부고속도로 죽전 상행 정거장에서 내렸다. 뒤풀이를 즐기지 않는 우리는 다른 때 같으면 바로 헤어졌다. 그날따라 친구를 그냥 보내면 안 될 것 같았다. "○○아, 너 집에 가면 혼자 밥 먹잖아. 나랑 밥 먹고 가자." 우리는 가장 가까운 식당에 들렀으나 메뉴가 파스타, 피자, 이런 것들이었다. 산행 후 당길만한 음식이 아니었다. 친구는 내 심리 클리닉 근처에 있는, 국밥 식당으로 가자고 했다. 우리는 지하철을 타고 한 정거장을 이동했다. 친구는 혼자 식생활을 해결하다 보니 단백질 섭취에 특별히 신경을 쓴다. 나는 순대국밥 '특'으로 주문했다. '특'은 고기가 더 많았다.

장시간 산행에 지친 우리는 국물까지 싹 비웠다. 나는 친구를 지하철 역까지 배웅했다. 늦가을 늦은 저녁 한기가 느껴졌다. 친구의 뒷모습이 그날따라 유난히 쓸쓸해 보였다. 친구의 뒷모습이 사라질 때까지 나는 그 자리에 서 있었다. 그래야 할 것 같았다. 쓸쓸한 것은 가을을 타던 나의 옛 감정이 투사된 것이겠지. 친구는 평화롭고 의연했다. 마지막 악수할 때 늘 그러듯이 수줍은 듯 살짝 웃는 친구의 표정. 다른 때 같았으면 결핍으로 보였던 그 모습이 꽉 찬 충만으로 보였다.

심리 읽기

떠날 사람이 보내는 떠나는 신호는 당사자뿐만 아니라, 그의 무의식과 교통한 사람이 예민하게 감지한다. 모든 사람이 하나로 연결된 존재라는 것은 각각 다른 의식의 차원이 아니다. 그 의식을 있게 하고, 하나로 연결된 무의식의 원형이 하나 됨의 감각을 만든다. 나는 외로운 삶을 위로하고 영원을 동경하는 내 무의식으로 친구의 외로움과 그가 동경하는 영원을 본 것이다. 심리학의 과학적 차원을 넘은 집단무의식은 이 일을 가능하게 한다.

8. 죽음 이후에도 춤은 계속 춘다

　친구와 치악산 산행 후 2주 후 2020년 ○○월 ○○일은 중학교 동문 송년 모임 일이다. 단체 카카오톡에서 나는 친구들의 참석 여부를 물었다. 나의 저서 한 권씩 송년 선물로 나눠주기 위해서다. 친구는 답톡이 없었다. 친구는 거의 모든 모임에 나온다. 나오지 못하면 못 간다고 좋은 시간 보내란 답톡을 꼭 한다. 더군다나 송년 모임이니 친구는 무조건 나와야 했다. 그럴 사정이 있겠지!

　송년 모임이 있던 다음 날 아침에 나는 친구에게 전화했다. 저녁에도 전화했다. 핸드폰이 꺼져있다는 음성만 들렸다. 다른 날 같으면 몇 시간 지나지 않아 전화가 걸려 왔다. 그다음 날, 토요일 아침에도 저녁에도 전화했으나 핸드폰이 꺼져있다는 음성만 들렸다.

　그런데 참 이상하지. 친구의 음성이 옆에서 들렸다. 들리는 것 같다기보다는 들렸다는 표현이 더 적절했다. 친구는 내 옆에 있었다. 나는 그의 온기를 느꼈다. 친구의 음성은 평온했고 부드러웠다. 이 땅에서 외롭게 산 사람일수록 위로받고 평화를 선물로 얻을 수 있는 곳. 그곳에서 친구는 춤을 추고 있는 걸까. 휴대폰은 꺼져있었으나 친구의 온기는 계속됐다.

나는 친구를 위해서 마지막으로 할 일이 무엇인지 알았다. 그의 거주지 경찰서에 신고했다. 먼저 내가 있는 곳을 담당하는 경찰관이 신고자 인터뷰를 하러 왔다. 몇 가지 요식 문답이 끝나자 나는 마음이 차분해졌다. 때가 왔다. 그곳 담당 지역의 경찰관에게 전화가 왔다. 불은 켜져 있는데, 문을 노크해도 열지 않는다는 것이다. 그 이상은 개인정보라 가족 외에는 알려 줄 수 없다고 했다.

다음 날, 친구가 세상을 떠났다는 소식을 들었다. 미리 예견한 일이기에, 나는 그 말에 놀라지 않았다. 친구는 죽지 않았다. 여기서 저기로 옮겨갔을 뿐이다. 죽음은 없다. 단지 다른 방식으로 존재할 뿐이다. 친구는 그 다른 방식으로 나를 찾아와 신고하게 했던 것이다.

분석심리학자 융의 아내는 살아생전에 '기독교 성배'를 연구했다. 융은 죽은 아내가 저곳에서도 성배 연구를 계속하는 꿈을 꾸었다. 꿈을 분석하는 일에 일생을 바쳤고, 삶의 목적을 개성화(자기 성장)로 본 융이 내린 사후 세계관이다. "사람은 죽음 이후에도 이곳에서 하던 일의 연장선에서 무엇인가를 계속한다. 그곳에서도 계속 성장한다."

친구는 죽지 않았다. 그는 진정한 춤꾼이다. 진정한 춤꾼은 그곳에서도 춤을 춘다. 그날 칠갑산 정상에서 춤을 췄으니, 친구는 더 높은 정상이 필요했을 것이다. 그래서 그곳으로 여행을 떠났을 뿐이다. 춤, 우리를 둘러싼 존재하는 모든 것과 하나 되는 신비의 절정이다.

집에 돌아온 나는 클래식 음악을 틀었다. 그냥 몸이 흔들리는 대로 몸을 흔들었다. 친구가 봤다면 한마디 했을 것이다. 그것은 춤이 아니라 체조라고. 체력이 소진될 즈음에 무념무상이 됐고, 나와 춤은 별개가 아닌 하나가 됐다. 아, 이것이었구나. 친구는 이 일을 위해서 지구 행성에 잠깐 방문했다가, 할 일을 마치고 또 다른 행성으로 떠난 것이다.

> 심리 읽기

　죽음과 죽음 이후를 연구하는 학자들이 죽음 이후에도 삶이 계속된다는 증거로 내세우는 것 중의 하나가, 죽은 자가 자기 삶과 연관이 있는 사람 곁으로 가서 어떤 메시지를 전한다는 것이다. 그러면 그는 죽은 자가 꼭 옆에 있는 산 사람처럼 느껴진다는 것이다. 과학적으로 설명할 수 없는 이런 느낌은 널리 회자되고 있다. 친구는 시신이 부패하기 전에 **빠른** 조치가 필요했을 것이고, 그 일을 나에게 부탁한 것이다.

8장

떠나는 사람은 떠나야 할 때를 안다

나는 열정과 성실성을 갖춘 워킹맘이다

아들을 떠나보내고 나서야 삶과 죽음이 하나라는 진리를 깨달았다

1. 아들의 제단

　고속도로 휴게소 편의점에서 콜라 한 캔을 샀다. 만일 그냥 지나갔더라면 다음 휴게소에서 샀을 것이다. 반드시 집을 멀리 나온 고속도로 휴게소여야 한다.

　벌써 4년째, 집에 들어오자마자 아들 방에 들어가 신에게 산 제물을 드리듯, 고등학교 교복을 단정히 입은 아들 영정 앞에 콜라 한 캔을 놓는다. 거기엔 그것 말고도 여러 개의 콜라가 가지런히 놓여 있다. 아들의 방은 현관에서 들어오자마자 첫 번째 방이다. 그곳은 죽은 아들과 아직 살아있는 나를 연결해 주는 제단이다.

　아들은 콜라를 좋아했다. 나는 아들이 원할 때마다 거절하지 않고 콜라를 사줬다. 그까짓 치아가 썩어야 얼마나 썩는다고. 치아야 다시 해 넣으면 된다. 성장 과정에서 결핍된 것은 다시 해 넣을 수 없다. 콜라는 출산 휴가를 마치자마자 갓난아기인 아들을 외갓집에 보내야 했던 것에 대한 보상이다. 아들은 고속도로 휴게소를 들를 때마다 꼭 콜라를 찾았다. 같은 콜라지만 고속도로 휴게소 콜라는 맛과 기분이 다르다는 것이다.

　아들은 외할머니댁에서 유년기를 보내면서 콜라를 특히 좋아했다.

나는 건강에 좋지 않다는 친정엄마의 반대에도 불구하고, 아들을 보러 가는 주말에는 꼭 몇 개의 콜라를 챙겼다. 아들은 나를 보자마자 "엄마, 콜라"가 먼저였다. 이 말이 입에 뱄다. 아들은 기쁠 때도 불안할 때도 콜라를 찾았다. 아들에게 콜라는 축제의 음료이고 분리불안을 다루는 제물과 같은 것이다. 지금 아들은 멀리 여행을 떠났다. 나는 아들이 좋아하는 콜라를 아들의 제단에다 받치면서 아들을 먼저 보낸 엄마의 죄책감을 달랜다.

나는 원래 밝은 사람이다. 고등학교부터 대학교까지 줄곧 학생회 임원을 했다. 나의 밝음이 자연스러워 보이지 않는다고, 절친 P는 경조증을 의심해 봐야 한다고 했다. "너무 밝은 사람의 무의식에는 그 반대의 감정이 있는 거야. 언젠가는 그 밑 감정이 속살을 보일걸. 그때는 고통스럽겠지만, 그 후에 이전에 보지 못한 새로운 것을 볼걸." 나는 의미심장한 이 말을 지나가는 말로 들을 수는 없었다.

예언은 맞았다. 나는 지금 지독한 우울증 상태이다. 아들을 먼저 떠나보낸 엄마가 우울증에 걸리지 않으면, 그게 정상이 아니다. 누가 이 사망의 우울에서 나를 건질 것인가. 우울해야 한다. 아들이 어둠의 세계에 있는데, 어미가 어떻게 밝을 수 있는가. 첫째 아들이 세상을 떠난 후 일 년이 지나자, 남편과 둘째 아들은 급성 우울에서 벗어나 정상으로 돌아왔다. 그러나 나는 우울증에서 벗어날 수 없다. 남편은 내 눈치를 보며 바쁜 와중에서도 집안일을 돕고 내 기분에 맞춰 우울한 척을 해줬다. 둘째는 내 눈치를 보느라 중2병 행사는 꿈도 못 꿨다.

> 심리 읽기
>
> 자식이 떠나면 엄마는 가슴에 묻고, 아버지는 머리와 가슴의 중간쯤에 묻는다. 엄마는 살아있을 적에 아들의 흔적을 여전히 살아있는 것으로 간직하고 싶다. 이것을 죽은 자와 동일시라고 한다. 그래도 아버지는 떠난 아들과 동일시하는 기간이 짧아, 그런 큰일을 당하고도 가족은 사는 거다. 엄마는 사별의 고통에서 벗어나기 전까지는 그런 남편의 심리를 이해 못 한다.

2. 내 슬픔은 사별한 아들을 위한 것인가, 나를 위한 것인가

봉안당에 안치된 아들 영정 앞에 앉았다. 아들은 주민등록증 사진처럼 무표정한 얼굴로 나를 쳐다보고 있었다. 늘 그렇듯이 봉안당에 갔다 온 내 얼굴은 퍼렇게 질려 있었다. 그래야 내 죄책감을 조금이라도 속죄할 것 같아서다. 몸엔 기력이 하나도 없었다. 거실 소파로 직행했다면 쓰러져 잤을 것이다. 그런데 아들 방에만 들어오면 돌봐야 할 아들이 있어 이상하게 힘이 생긴다. 그래서 모성을 모신이라고 하는 걸까!

오늘도 나는 봉안당 아들 유골 앞에서 슬피 울었다. 울면 마음의 정화가 일어나 잠시라도 슬픔을 잊는다. 봉안당 제대에 쓰러져 울며 일어나지 못하는 나를 봉안단 직원이 부축해 겨우 주차장까지 데려다주었다. 직원은 승용차 뒷문을 열어 나를 뒷좌석에 앉히고는 한 시간 정도 쉬었다 가라 했다. "어머님, 시간이 치료합니다. 여기 오시는 어머님들 한 3년 지나면 다들 안정을 찾습니다." 벌써 4년째이다. 나는 아직도 안정을 못 찾았다.

아들의 방에는 아들이 사용하던 책상, 의자, 책장, 침대, 이불, 옷장, 옷걸이 등이 가지런히 놓여 있다. 아무 때나 집으로 돌아오는 아들은 제 방에 들어가 하고 싶은 일을 하면 된다. 아들이 죽기 직전의 상태를 그대로 유지해 뒀다. 그래야 아들이 와도 낯설지 않을 것이다.

책상 위에는 자물쇠가 달린 무겁고 작은 수납장을 하나 올려놓았다. 그 안에는 아들이 사망한 다음 날 야간자율학습 시간에 반 친구들이 써준 편지가 들어 있다. 그날 담임선생님에게 받아만 놨다. 차마 읽을 수가 없었다. 읽어 버리면 나는 아들의 죽음을 인정하는 꼴이 된다. 아들이 살아 돌아오면 아들과 함께 웃으면서 읽을 것이다. 나는 그 수납장을 신주 모시듯 했다.

아직도 아들의 방에는 아들의 숨소리가 들리고, 책상에 앉아 볼펜 돌리는 소리가 들리고, 친구와 긴 시간 통화하는 소리도 들린다. 이어폰을 귀에 꽂고 노래를 따라 부르는 소리도 들린다. 어떤 때에 나는 미친 사람처럼 중얼거리며 아들과 대화한다. 거실에 있는 남편과 아들은 불안해한다. 남편은 조현병 초기 증세라고 병원에 가보자고 했다. 엄마가 아들을 사모하는 것이 병인가. 모정이 아니라 정신병? 나는 병원에 가지 않았다. 나는 미치지 않았다. 아니, 모정은 본래 미친 것이다.

아들은 허겁지겁 바쁜 나에게 맞추다 세상을 떠났다. 이 방에서만큼은 내가 아들에게 맞추기로 했다. 아들과의 추억을 아들 방으로 모두 되살려 놓는 긴 의례를 나는 매일 하고 있다. 그러기 위해서 좋은 직장을 사직했다. 시댁 식구들은 그 좋은 직장을 사직하는 것은 아니라며, 병가라도 내고 심리치료를 받아 보라고 했다. 그럼, 아들에 대한 사모곡이 나의 병에서 나왔단 말인가. 그럴 수 없다. 남편은 나의 사직을 겨우 지지해줬다.

슬픔에 깊이 빠져 삶과 죽음의 경계선을 헤매던 어느 날이었다. 친구 P가 작심하듯 말했다. "잘 생각해 봐. 네가 슬퍼하는 이유를. 아들을 슬퍼하는 것이야, 아들을 잃은 너를 슬퍼하는 것이야." 내 심장에 굵은 주삿바늘이 찔리는 기분이었다. 아주 불쾌했다. 그러나 나는 처음으로 내 슬픔의 원인을 깊이 생각해 봤다. 그곳에 있는 아들도 나처럼 슬플까? 그럼 지금까지 나는 내 슬픔으로 슬퍼했단 말인가. 나는 생각을 멈췄다.

심리 읽기

떠난 자와 동일시는 떠난 자가 남긴 물건과도 동일시하게 된다. 그 물건을 버리는 것은 내 마음속에 여전히 존재하는 떠난 자를 버리는 것과 같다. 그래서 엄마는 아들의 유품을 버릴 수 없었다. 탈 동일시의 방법은 떠난 자를 회상하면서 우는 것이다. 이를 애도라고 한다. 애도는 삶의 차원이 바뀌는 때마다 찾아온다. 이전 것을 버리고 새것을 얻는 과도기에는 떠나가는 이전 것에 대한 슬픔, 그리고 아직 오지 않은 것에 대한 불안이 있다. 그래서 슬프다. 그러기를 4년째라면, 전문가의 도움이 필요하다.

3. 나는 슬퍼할 것이 아니라, 내 삶을 살아야 한다

P가 말했다. "사별의 슬픔은 떠난 자가 아니라, 남은 자의 슬픔이야. 너 때문에 우는 거라고." 그는 인간의 자기애는 본질적으로 타자의 죽음을 슬퍼할 수 없다고 했다. 그럼, 지금 내 슬픔은 아들이 아닌 나의 슬픔인가?

죽은 자는 산자의 애도를 받을 정도로 비참한 곳에 있지 않다. 영원 속으로 편입된 그들이 아직 지구에 남아, 남은 고통을 치러야 하는 산 자를 위해서 기도해야 한다. 나는 특정 종교의 내세관을 믿지는 않지만, 평소에 죽음은 더 좋은 곳으로 가는 생명 이동 현상으로 이해하고 있었다. 그곳은 이 땅에서 가장 행복한 곳보다 더 좋은 곳이라고 굳게 믿고 있었다. 그래야 했다. 그런 내가 세속에 물들기 전, 집과 학교밖에는 모르고 살던 착한 아들의 죽음을 4년째 슬퍼하고 있다니. 이성과 감정은 언제나 따로 움직인다. 그래서 인간을 생각하는 갈대라고 한다. 앎이 중요하다. 나는 아들이 왜 죽었고, 아들이 있는 곳은 어떤 곳인지 알아야 했다.

아들에게 물었다. "현아, 그곳은 어떤 곳이니?" 아들은 침묵했다. "현아, 그곳은 어떤 곳이니 엄마에게 말해 줄 수 있니. 그래야 엄마가 살지." 나는 슬픔의 계곡을 굽이굽이 돌고 있는데, 아들은 침묵했다. 나는 울부짖었으나 아들은 여전히 침묵했다.

침묵, 침묵, 침묵. 생각의 반전이 왔다. 지금 아들은 침묵으로 내게 말을 거는 것이 아닐까? 침묵은 인간적 사유와 감정을 넘어 존재하는 존재의 신비, 곧 신의 언어라는 것을 어느 책에서 읽은 기억이 있다. 그때는 큰 깨달음이라도 얻은 것처럼 기뻤는데, 막상 내 일이 되니 침묵은 고문이었다. 슬픔은 인간적 사변이 멈추고 침묵으로 들어가는 입문, 즉 신의 은총이라는 말도 지금의 나를 위로할 수는 없다.

나는 매일 아들의 제단에서 강박적으로 슬퍼하고 운다. 그런 후에 찾아오는 마음의 고요가 있다. 내가 아들의 방에 들어가 슬픔 의례를 하는 이유는 이 때문이다. 나는 아들을 슬퍼하는 걸까, 슬픔 후의 위로를 탐닉하고 있는 걸까?

1998년 개봉한 빈센트 워드 감독의 영화 〈천국보다 아름다운〉을 아들과 함께 봤다. 두 자식이 교통사고로 죽었다. 엄마는 책임이 자기에게 있다고 생각했다. 이 무거운 짐을 남편에게 지우기 괴로워 아내는 남편을 위하여 이혼했다.

슬픔의 시간을 보내던 남편도 교통사고로 죽었다. 영화의 천국은 각자가 원하는 것을 이루려 무엇인가를 계속하는 곳이다. 그러나 남편은 천국에 있으면서도 남편과 자식을 모두 잃고 슬퍼하는 아내에게 집착해 천국을 누리지 못한다. 아내는 홀로 남은 슬픔을 극복하지 못해 자살한다. 천국에 있던 남편은 지옥에 내려가 자살한 아내를 만나 속세에나 있을 사랑의 감정을 지핀다. 영화 속의 대사 하나. "얻는 것이 있으면 잃는 것도 있다." 남편은 천국의 더 깊은 곳으로 들어가는 황홀한 여행을 포기하고 아내와 함께 환생하여 속세의 사랑을 다시 시작해야 한다는 것이다. 죽은 자는 산자를 버려야 하고, 산 자는 죽은 자를 버려야 각자의 위치에서 할 일을 할 수 있다.

　영화는 우리 모자와 비슷했다. 아들도 교통사고로 세상을 떠났다. 아들은 슬퍼하는 나를 보고 천국에 있으면서도 천국을 누리지 못할 것이다. 아들의 천국 길을 방해하며 슬픔에 젖은 나. 도대체 내 슬픔은 누구를 위한 것일까? 아들을 위한 것은 아니다. 영화 속 아내의 슬픔은 죽은 두 아들이나 남편에게 어떤 도움도 안 됐다. 오히려 남편의 천국 여행을 방해했다. 슬픔은 삶의 새로운 차원으로 진입하는 통과의례이다. 내가 이 문을 빨리 통과해야 나와 연관된, 뒤따라오던 사람도 이 문으로 들어올 것이다.

　나는 아들을 떠나보내야 한다. 그래야 아들도 엄마를 떠나 자유롭게 천국 여행을 할 것이다. 내 슬픔은 아들을 위한 슬픔이 분명히 아니다. P의 말은 진실이었다. "살아있는 자는 죽은 자를 위하여 울 수 없다."

　내 슬픔을 논리적으로 유추하는 것으로, 나는 극한 슬픔에서는 빠져나왔다. 하지만 내 감정은 아직 이성의 사유를 따라가지 못했다. 아들의 영정 사진을 올려다봤다. 무표정이었던 아들의 얼굴이 밝게 빛나고 있었다. 영화를 본 후 아들이 한 말이 떠올랐다. "죽음, 별거 아니네." 그때가 아들과 사별하기 한 달 전이었다. 아들은 죽음을 준비하고 있었던 것일까. 나는 슬퍼할 것이 아니라, 나의 새로운 삶을 살아야 한다. 아들은 그것을 원한다.

심리 읽기

감정은 흔들리며 에너지를 방출하고, 이성은 그 에너지로 추진력을 만든다. 에너지가 엔진을 돌리지 못한다면, 자동차는 멈춘다. 사별의 긴 아픔을 통과하고 나면 삶은 한 차원 상승한다. 죽음은 남은 자에게 위대한 교사이다. 각자 태어난 환경이 다르니 출생은 평등하지 않다고 말하는 사람이 있으나, 죽음은 모든 사람에게 평등하다. 그런데 누군가의 죽음으로 내 삶이 멈추고 있다면, 그것은 단지 감정의 문제이다. 매정하게 들릴지 모르지만 솔직하게 말하자. 남은 자의 슬픔은 자기감정에 묻혀있는 것이다.

죽은 자는 그곳에서 자기 삶을 계속 산다. 죽은 자는 아직 살아있는 자가 자기 삶에 충실하기를 원한다. 자기 때문에 우는 것을 죽은 자를 위해서 운다는 감정의 궤변에 속으면 삶은 멈춘다. 죽은 자는 죽음 이후에 맡기고 살아있는 자는 삶을 살아야 한다. 한 치의 오차도 없는 인류의 생존 법칙이다.

4. 그 말이 영원한 이별이 될 줄이야

　아들의 영정 사진을 고를 때였다. 남편과 둘째 아들은 이왕이면 밝은 표정의 사진으로 하자고 했다. 빨리 슬픔에서 벗어나 일상으로 돌아가려는 남자의 속셈일 것이다. 영정 사진은 내가 골랐다. 아들의 휴대폰에 저장된 많은 사진 중에 가장 무표정한 얼굴을 택했다. 남편과 둘째는 못마땅해했으나, 내 정신이 아닌 내 의견을 거부하지 못했다.

　두 부자는 영정 사진을 3일 동안만 걸어놓으려 했다. 나는 3년을 걸어놓을 심산이었다. 내 슬픔이 가시지 않으면 6년도 걸어놓으려 했다. 아들의 밝은 사진을 보면 괴로웠다. 피지도 못하고 진 몽우리이다. 죽은 아들의 밝은 얼굴로 슬픈 엄마의 마음을 위로하려는 것은 위선이다. 내 죄책감을 씻겨내기도 전에 아들을 밝게 하는 것은 얼굴에 땀도 씻겨내지 않고 화장하는 꼴과 같다.

　아들이 무표정이라서, 나는 내 감정을 아들에게 이입시켜 아들의 감정을 내 감정으로 만들기에 좋았다. 그날그날 내 슬픔의 양에 따라 아들의 슬픔도 다르게 보였다. 나에게 아들의 방은 아들과 교감하는 곳이다. 그 방에서 죽은 아들과, 아직 살아있는 나는 무의식으로 연결된다.

그날 휴대폰에서 들려 온 아들의 목소리는 아직도 내 귀에서 쟁쟁하다. 내 심장을 도려낸다.

"엄마, 어디야?"

"응…, 왜?"

아들의 마지막 목소리였다.

"아니야, 아니야, 괜찮아."

"아니야, 아니야, 괜찮아"는 아들의 죽음을 논리적으로 이해하려는 나의 인지구조를 서서히 무너뜨렸다. 그날 아들은 가을 소풍을 갔었다. 시간으로 봐서 학원 시간이 늦어 엄마에게 픽업을 부탁하려 했을 것이다. 눈치에 밝은 아들은 주변이 시끄러운 것과, 내 목소리의 음색을 듣고 알아차렸다. 엄마의 픽업을 포기한 것이다.

그날 나는 오랜만에 고등학교 동창을 만나 희희낙락하고 있었다. 아들은 수화기에서 들려 오는 중년여성들의 잡담을 들었을 것이다. 엄마의 즐거운 시간을 빼앗고 싶지 않았을 것이다. 내가 먼저 "오늘은 좀 곤란해"라고 말하려는 순간 아들이 먼저 말해 버린 것이다. "아니야, 아니야, 괜찮아." 이 말이 영원한 이별이 될 줄이야. 그날 동창 모임에 나가지만 말았어도, 아들의 전화를 받고 바로 나갔어도, 참극은 벌어지지 않았을 것이다. 나는 아직도 이 통화를 가족들에게 비밀로 하고 있다. 차마 꺼내지 못한다. 평생 가슴에 묻어야 할 고통스러운 비밀이다.

| 심리 읽기

　떠난 자를 떠나보내지 못하는 엄마에게는 그 이유가 있다. '만일 그때 내가 다른 판단과 결정을 했다면?' 그럼, 시간을 되돌려 놓으면 어떨까. 같은 판단과 결정을 할 것이다. 사람은 무의식적으로 그때그때 최고의 선택과 결정을 한다. 후회는 자기 처벌이다. '만일'은 자신을 죄인으로 만들어 더 깊은 슬픔으로 들어가게 한다. 프로이트는 삶의 본능보다 죽음 본능이 더 강할 때가 있다고 했다. 죽음 본능이 삶의 본능을 덮치면, 삶의 모든 긍정적인 것도 스스로 기획한 고통에 잡아먹힌다. 자살 충동은 여기서 나온다. 죽음에 대한 이해, 그리고 사후 세계에 대한 탐구는 사별 슬픔을 근본적으로 벗어나게 한다.

5. 존재하는 모든 것들은 소멸과 생성을 반복한다

오랜만에 만난 초등학교 동창들과 맥주를 마시고 2차로 노래방에 갔다. 돌아가면서 한 곡씩 부르는 건데, 나는 나의 애창 가곡 '이별의 노래'를 선곡해 기기에 저장했다. 이 가을에 멋진 노래가 될 것이다.

순서를 기다리는 나는 이상하게 감정의 동요가 왔다. 그날따라 가사에 깊이 몰입해 노래를 불렀다. 노래 가사의 '나도 가고 너도 가야지'에서는 눈물이 나왔다. 수도 없이 이 노래를 불렀지만 그날 같은 감정이입은 처음이었다. 친구들도 이상한 감동의 도가니에 빠졌다. "나도 가고 너도 가야지." 후렴구는 모두가 한 번 더 불렀다. 이 나이에 있었을 아련한 이별의 기억을 내 노래에 맞추어 모두가 하나씩 꺼냈을 것이다. 노래를 마치자 나는 손수건을 꺼내 눈물을 훔쳤다. 이상한 일이었다.

노래방에서 나오자 휴대폰 벨이 계속 울리고 있었다. 나는 휴대폰을 손에 들고 어찌할 바를 몰랐다. 불안했다. 휴대폰을 열어 보니 낯선 번호였다. 손목이 떨렸다. 겨우 마음을 추스르고 통화 버튼을 눌렀다. "여보세요." 왜 전화를 빨리 받지 않느냐며 다급한 목소리가 들려왔다. "강현 학생 어머님이시죠. 여기 ○○경찰서입니다. 빨리 ○○병원 응급실로 가보세요." 심장이 덜컥 내려앉았다. 드디어 올 것이 오고 말았다는 생각이 들었다.

　병원에 가자 응급의사는 시신을 보여주지 않았다. 25t 덤프트럭에 치여 머리뼈가 다 부서져 형태를 알아볼 수 없다고 했다. 지문과 혈액형으로 신분 확인은 다 됐다며 확인서를 보여줬다. 간호사는 아들의 가방과 그 안의 소지품을 나에게 건네줬다. 의사는 내 표정을 살피며 가족이 함께 오면 시신을 보여줄 수는 있다고 했다. 그래도 얼굴은 보지 않는 편이 좋겠다고 했다. 나는 아들 시신을 보기가 두려웠다. 아들임을 확인하는 순간 만에 하나 있을지 모를 아들이 아닌 확률이 없어지기 때문이다.

　나는 왜 그 시간에 '이별의 노래'를 불렀을까. 왜 나는 가사에 한껏 이입돼 즐거운 분위기에 어울리지 않는 눈물까지 흘렸을까. 만일 그 노래를 부르지만 않았다면? 아들과 생이별하는 일도 없지 않았을까?
　고등학생 때의 일이다. 아침에 늦게 일어나 서둘러 등교 준비하느라 유리컵을 깼다. 그날 체육 시간에 달리기하다가 발을 겹질려 다리가 삐어 한 달을 고생했다. 엄마가 하신 말씀이다. "그러니까 일찍 일어나 준비해야지. 서둘다 컵을 깨서 나쁜 일이 생긴 거야." 아침에 불쾌한 사인이 일어나면 그것에 상응하는 나쁜 일이 생긴다는 가설은 사람들에게 아직도 유효하다. 내가 이별의 노래를 너무 진하게 불러서 아들과 생이별한 것일까.
　나는 이 비밀을 친구 P에 고백했다. 늘 그러듯이 P는 아무런 감정의 동요도 없이 말했다.

"그것을 동시성의 원리라고 해. 의미 있는 우연의 일치이지. 앞으로 일어날 일을 감각, 느낌, 꿈, 그 밖에 다른 사인으로 미리 알려 주는 거. 이별의 노래를 불러서 아들과 이별한 것이 아니야. 아들과 이별할 일이 생길 것을 너의 무의식이 노래로 미리 알려준 거야. 일어나는 일은 막을 수가 없어. 우리의 할 일을 그것을 삶의 교재로 배우는 거야."

내가 이별의 노래를 불러서 아들과 이별한 것이 아니라, 이별의 노래가 아들과의 이별을 예고해준 것이라고. 그것은 어차피 일어날 의미 있는 일이라고. 어떤 의미? 존재하는 모든 것들은 죽는다는 평범한 진실을 확인해 준 것인가. 아들의 죽음으로. 지금의 나에게 그런 교훈이 꼭 필요했나? "존재하는 모든 것들은 소멸한다. 그리고 소멸하는 모든 것은 새로운 존재로 다시 태어난다." 지난 4년간의 눈물은 존재의 소멸과 생성을 머리가 아닌 가슴으로 배우는 과정이었는가! 나는 이 긴 터널을 '슬픔 수업'이라고 한다.

아들은 아들의 인생을 살다가 정해진 때가 되어 온 곳으로 되돌아갔다. 지난 4년간 나는 잠시 세상을 떠나 살았다. 이전에 소중했던 것들의 중요도가 다 떨어졌다. 내 피와 뼈의 일부인 아들이 대형 트럭에 치여 즉사한 현실 앞에서, 인생살이에 정말 중요한 것들은 없었다. 모두가 스쳐 지나가는 인연일 뿐이다. 내가 배훈 소중한 교훈이었다.

나는 아들의 교통사고 보상금으로 받은 적지 않은 돈을 아들 모교에 장학금으로 기부했다. 아들의 생명과 맞바꾼 그 돈을 차마 쓸 수가 없었다. 가난한 농가에 태어난 우리 부부는 다들 그러듯이 돈을 인생의 목적으로 달려왔다. 그 정도면 자수성가했으니 이젠 좀 누리며 살라는 주변의 말도 들었으나, 나에게 돈은 항상 부족한 무엇이었다. 삶의 가치관이 변할 때가 온 것일까? P의 말이 떠올랐다. "동시성의 원리에서는 배울 것을 배우면 된다고."

> 심리 읽기
>
> 　동시성의 원리는 삶의 중요한 순간에 무의식 깊은 곳에 있는 원형이 의식에 알려주는 신호이다. 보통은 사건이 지난 후에 그것이 동시성의 원리였다는 깨달음이 온다. 엄마가 그날 선곡한 이별의 노래, 그 노래에 몰입한 엄마의 슬픔, 그 슬픔과 하나가 돼 모두가 함께 슬퍼한 일은, 엄마의 무의식이 만들어낸 동시성이다. 우연의 일치라고 가볍게 취급할 것이 아니라, 거기서 의미를 찾아야 한다. 시간이 지나면 동시성으로 일어난 일은 깨달음으로 의식을 보상한다. 삶에는 수많은 동시성이 일어난다. 세상살이에 너무 바빠, 자아가 무의식이 소리를 듣지 못하는 것뿐이다. 융 심리학의 모토는 성장을 원하는 당신은 '무의식의 소리를 들어라'이다.

6. 삶과 죽음은 하나다

아들은 TV 동물의 왕국을 즐겨봤다. 포식자가 사냥감을 향해 전속력으로 질주하고 앞발로 먹잇감을 낚아챌 때 아들은 소파에서 벌떡 일어났다. 양손을 치켜들고 자기가 사냥에 성공한 것처럼 포효할 때도 있었다. "엄마, 내 몸에서도 아드레날린이 분비되고 있어." 그리고는 냉장고에서 콜라를 꺼내 마셨다.

"엄마, 임팔라는 죽으면서 어떤 생각을 했을까?"

"안 죽으려고 했겠지. 아니면 엄마 생각했을까."

"안 죽으면 사자는 다 굶어 죽으라고. 동물 세계에서 먹고 먹히는 것은 죽이고 죽는 것이 아니야. 생명의 순환과정이야."

아들은 아직도 철부지 고등학생이다. 가끔은 정신 나간 표정을 지으며 나이에 맞지 않는 선불교 화두 같은 것을 던졌다. 내가 물었다.

"그럼 삶과 죽음은 다른 것이 아니네."

"그렇지, 삶과 죽음은 하나야."

아들이 떠나기 한 달 전, 아들 생일 전날이었다. 다른 해 같았으면 나는 이렇게 말했다. "뭐 먹고 싶어. 좀 멀어도 좋으니 맛집 검색해 봐." 광고 디자인 회사에 다니는 나는 가을이면 더 바빴다. 그런데 참 이상했다. 그날은 달랐다. '엄마가 돼서, 아들 생일이면 외식이나 시켜주는 것은 옳지 않아.' "아들, 내일은 내가 요리한다. 먹고 싶은 것이 뭐야?" 늘 바쁜 나를 배려하던 아들은 무척 기뻐했다. 우리는 함께 장을 봤다. 그날따라 아들은 나를 졸졸 따라다니며 많은 말을 했다.

집에 와서는 '엄마 사랑해요' 하고 내 가슴에 파고들었다. "애는…." 키는 나보다 한자나 더 커 보이고 코밑이 시꺼먼 사내아이가 그러니 좀 징그러웠다. 하지만 좋았다. 얼마 만에 느껴보는 아들 체취인지! 우린 함께 요리하며 장난치고 농담하며 웃었다. 모자지간의 진한 정을 나누었다.

심리 읽기

엄마의 무의식과 아들의 무의식은 서로 죽음이 가까이 오고 있음을 알았다. 서로 아는 것은 서로 소통한다. 전과는 다른 생일잔치가 바로 소통의 의례(儀禮)였다. 종교 의례만 의례가 아니다. 삶에는 크고 작은 의례가 얼마나 많은지! 의례는 소통이다.

7. 떠나는 사람은 떠나야 할 때를 안다

아들은 돌아갈 때를 알았다. 사람이 떠날 때가 되면 어떤 방식으로든, 무의식은 그 신호를 의식으로 알린다. 돌아보면 아들이 세상을 떠나기 전에 아들의 말과 행동은 곧 다가오는 죽음의 사인이었다. 아들의 무의식은 죽음은 준비하고 있었다. 아들의 무의식은 아주 오래전, 어쩌면 세상에 태어나기 전부터 자기의 삶은 짧은 것임을 알았을 것이다.

아들의 죽음과 이전에 있었던 일들의 인과관계가 서서히 드러났다. 나는 차츰 '만일 그러지 않았다면' 하고 자책하던 것들이 '그랬기 때문'으로 바뀌었다. 나는 서서히 마음의 안정을 찾았다. 자식이 죽으면 부모의 가슴에 묻는다고? 죽음이 끝이라고 믿어서 그렇다. 아들은 죽음은 생명의 순환과정이라고 나에게 가르쳤다. 그것은 아들도 잘 모르는 아들의 무의식이 지금의 나를 위하여 들려준 말이다. 생명의 순환과정인 것을 가슴에 묻는 모성은 어리석다. 생명의 순화 과정에서 죽음은 없다.

이 시기에 꾼 꿈이다.

아들이 자기 축구화를 두 손으로 들어 나에게 줬다. 나는 교체 선수가 축구장에 들어가는 것처럼 넓은 축구장을 안으로 뛰어들어갔다. 아들은 저쪽 더 넓은 곳으로 가면서 나에게 손을 흔들어 답례했다.

아들은 축구 경기를 관람하는 것도, 축구 하는 것도 좋아하는 축구광이었다. 꿈에 나온 축구화는 아들 생일에 큰마음 먹고 사준 고급 축구화이다. 아들은 이 축구화에 흙을 묻히고 싶지 않다고 한 번도 신어 보지 못하고, 축구화를 포장 상태로 신발장에 두었다. 그리고 사고를 당했다. 아들이 돌아와 축구화를 다시 찾을 것 같아서 나는 그것을 4년 동안 신발장에 놔뒀다.

꿈속 아들이 축구화를 나에게 내준 것은 이런 말을 하는 것이다. "엄마, 언제까지 그 어두운 동굴에 갇혀 있을 거야. 엄마도 이 축구화를 신고 경기장으로 나와야 해." 그리고 나서야 아들은 저쪽에 있는 더 넓은 축구장, 아들이 가야 할 새로운 세계를 향해 갈 수 있었다. 즉, 천국을 즐길 수 있게 된 것이다.

P는 이 꿈을 해석해 준 후 이런 말을 했다. "네가 아들을 걱정할 것이 아니야. 봐, 아들이 너를 걱정하고 있잖아. 이제야 아들은 더 넓은 세상으로 갔네." 이 꿈이 해석되자, 신기할 정도로 슬픔이 가시기 시작했다. 정신을 차리고 보니 남편과 둘째는 각자의 필요를 각자가 해결하며 4년을 버텼다. 나는 전업주부가 아니라 남편과 둘째의 무거운 짐이었다.

비로소 나는 아들 책상 위에 새로 마련한 수납장을 열 수 있었다. 아들을 애도하고 그리워하는 평범한 글들이 적혀 있었다. 그중에 하나, '천국에 있을 현이에게' 하고 좀 길게 쓴 편지가 있었다. 읽어보니 사춘기 청소년의 풋풋한 연애편지였다. 그날 빈소에서 가장 많이 울던 그 여학생의 편지였다. 아들은 짧게, 그리고 꽉 차게 살다 갔다. 나는 떠난 아들을 그리워하는 친구들의 짧은 편지를 읽으며 울었다. 그러나 전과 같은 슬픔의 눈물만은 아니었다. 이제는 나로서의 삶을 다시 시작할 수 있다는 희망의 눈물이었다.

심리 읽기

꿈은 의식과 무의식이 만나는 곳이다. 나와 네가 만나는 곳이고, 피안과 차안이 만나는 곳이다. 죽은 자가 꿈에 나타나는 것은 산 자에게 교훈을 주기 위해서다. 죽은 자가 어떤 모습으로 나타나는지가 중요하다. 어떤 모습으로 나타나든 그 모습은 산 자의 무의식에서 나온다. 이 꿈으로 엄마의 병리적 우울은 끝났다. 우울이 끝나면 현실의 것들이 다시 보이기 시작한다. 이렇게 슬픔의 터널은 끝이 있다. 그리고 빛이 보인다.

8. 드디어 아들을 놓아줬다

　봉안당은 꼭 축소판 아파트 단지 같다. 저 좁은 곳에서 얼마나 답답할까. 자물쇠까지 걸어놨으니 감옥이나 다름없지. 아들의 이루어지지 않은 한 가지 소망은 단독주택으로 이사하는 것이었다. 아들은 아파트를 콘크리트 더미라고 불렀고, 유년기에 몇 년간 있었던 외조부모 댁의 시골집을 잊지 못했다. 우리 가족은 아들의 봉안당에 가서 마지막 의례를 치렀다. 그리고 아들의 유골을 외조부모 댁이 있는 넓은 산하로 보내줬다. 마음껏 뛰고 흐르고 날 수 있도록. 좁은 공간에 유골을 봉쇄해 놓고 그 앞에 가서 우는 것은 죽은 아들을 위한 짓이 아니다. 살아 있는 나를 위해서도 할 짓이 아니었다. 귀가하는 길에 승용차 안에서, 우리는 3년 만에 밝은 표정으로 서로 웃으면서 대화를 나누었다.

　꿈에 나타난 아들이 나에게 한 교훈이다. "아직 살아있는 사람은 떠난 사람을 걱정할 것이 아니다. 떠난 사람은 새로운 경기장에 적응하고 있다. 아직 살아있는 사람은 자기 경기장에서 어떻게 뛸 것인지를 걱정해야 한다." 사람은 직립 보행하는 동물이다. 걸으라는 것이다. 걸어야 한다. 걸어야 산다. 힘든 일이 생기면 더 오래 길게 걸어야 한다. 걸으면 만사가 풀린다. 나 그동안 슬픔에 빠져 너무 걷지 않았다. 걸을 힘도 없다고 했다. 그렇게 생각하니 정말 걸을 힘도 없었다. 제주도 올레길은 '치유의 길'이라 불린다. 나는 큰 결심을 했다.

"여보, 나 제주도 올레길 일주일 동안 갔다 와야겠어."

"누구랑?"

"나 혼자."

남편은 나를 유심히 쳐다봤다. 놀란 표정이었다. 잠깐 생각에 잠긴 후 짧게 말했다.

"그래, 알았어."

남편은 내가 어린이라도 된 듯이 내 머리를 쓰다듬으며 고개를 끄덕였다.

다음 날 남편은 김포공항까지 나를 데려다주면서 말했다. "알아? 나와 둘째가 당신 마음이 돌아오기를 얼마나 기다렸는지. 둘째와 약속했지. 그러기까지 당신의 슬픔에 함께하기로." 아들이, 형이 25t 대형 덤프트럭에 치여 가족 곁을 떠났다. 어찌 슬프지 않을 수 있는가. 남편은 감정이 없는 것이 아니라, 감정을 잘 다스리고 있었다. 중학생 아들은 세상을 떠난 형보다는 자기 문제에 더 관심이 많았다. 몰인정한 것이 아니라, 그래야 산 사람은 산다. 가장 센 척한 나만 헤아릴 수 없는 깊은 슬픔에 빠져 허우적거리며, 가족 모두를 그곳으로 끌어들였다.

나는 제주도 올레길을 걸었다. 걷고 또 걷고 몸이 지칠 때까지 걸었다. 몸이 지치면 지칠수록 마음은 더 맑아졌다. 참 이상한 일이었다. 그래서 힘들면 하늘만 쳐다보지 말고 걸으라는 것이다. 내 슬픔의 피막들이 한 꺼풀씩 벗겨졌다. 바다가 내려다보이는 송악산 언저리 바위 위에, 나는 유명 브랜드 마크가 보이게 아들의 깨끗한 축구화 상자를 가지런히 올려놨다.

저 밑에서는 수학여행을 온 고등학생들이 왁자지껄 떠들며 올라오고 있었다. 전날 좋은 꿈을 꾼 남학생이 축구화의 주인이 될 것이다. 나는 푸른 바다가 내려다보이는 송악산 정상을 뒤로하고 천천히 하산했다. 오늘도 무작정 걸을 것이다. 더 이상 걸을 수 없을 때까지.

> **심리 읽기**
>
> 걷는 것은 일종의 묵언 수행이다. 처음에는 무의식에서 올라온 온갖 생각의 조각들이 의식 위로 올라와 의식을 어지럽힌다. 그래도 계속 걸으면 신체의 진이 빠져나가면서, 생각의 조각들은 침잠하거나 본래 있던 제자리고 돌아간다. 마음은 고요하고 평화로워진다. 이때 그동안 몰랐던 또 다른 나, 새로운 나를 만난다. 걸음은 의식과 무의식을 통합한다.

9장

너의 삶을 믿으면 삶이 너를 살게 한다

나는 타고난 미모와 지능지수로 학창 시절에 자존감을 지켰다
그러나 살벌한 삶의 현장에서 조울증이 발병하고 말았다

1. 너는 빛의 딸이다

2000년 10월 30일

"너는 빛의 딸이다."

이 말이 반복해서 들렸다. 빛의 딸이 세상에서 가만히 있으면 세상이 어두워진다. 나는 유명 사찰 ○○○로 향했다. 비구니가 되기 위해서가 아니라, 빛의 딸로 비구니들을 가르치기 위해서였다. 그곳 비구니들은 참선하며 나를 기다리고 있을 것이다.

서울에서 고속버스를 타고 그 절이 있는 도시로 갔다. 버스 터미널에서 내려 택시로 바꿔 타고 그 절로 향했다. 그런데 어찌 된 영문인지 깨어나니 정신과 병원이었다. 침대 아래쪽에 엄마가 매우 근심된 표정으로 나를 내려다보고 있었다.

택시 운전기사는 나의 이상 증상을 감지하고, 위험하다고 판단하여 경찰서에 신고했다. 경찰관은 빛의 딸을 함부로 대하면 벌 받는다는 나의 괴성과 정신병적 괴력을 겨우 잠재우고 나를 병원으로 이송했다고 한다.

| 심리 읽기 |

환청을 들은 것이다. 환청은 조현병 현상으로, 자아가 현실계를 피해 상상의 세계로 들어가 그곳의 대상들과 관계를 맺으며 나오는 말이다. 조현병 환자에게 환청은 사실이다.

2020년 10월 30일

"너는 빛의 딸이다."

20년 전에 들은 이 말이 또 들렸다. 나는 지금 20층 아파트 옥상에 무단 침입해 올라와 있다. 아래를 내려다봤다. 국화꽃과 백일홍은 활짝 피었다. 놀이터에는 아이들이 소리를 지르며 놀고 있었다. 단지 내 농구장에는 중학생으로 보이는 두서너 명의 남학생이 볼을 연신 하늘로 쏘아대고 있었다.

가을이어도 미세먼지가 많아 맑은 하늘을 보기 어려웠지만, 오늘은 말 그대로 높고 푸른 가을 하늘이다. 나는 지금 어머니가 계신 6층을 내려다보면서 '어머님 은혜'를 불렀다. 양 뺨에 눈물이 흘러 내려왔다. 어머니는 대장암 수술을 받으신 이후에 훌쩍 늙으셨다. 노래는 내가 어머님께 드리는 선물이다. P의 말이 떠올랐다. "환청으로 들려오는 무의식의 깊은 소리는 자아가 그것을 어떤 방식으로 해석하느냐에 따라, 병리적으로 들릴 수 있고 깨달음으로 들릴 수도 있다."

| 심리 읽기 |

너는 빛이 딸이다. 이 말은 그녀의 취약한 자존감을 보상해 주는 무의식의 소리이다. 이 말은 빛의 딸로 살라는 무의식의 지시이기도 하다. 그녀는 이 말을 어떻게 소화해 낼 것인지의 중요한 과제가 주어졌다.

2. 나는 빨리 철이 들었지만 성격은 참 독특했다

"성격이 참 독특하다." 나는 이 말을 정말 많이 들었다.

엄마는 남동생은 아들이라서, 여동생은 막내라서 이뻐하셨다. 나는 그것을 편애라고 생각한 적이 없다. 나는 맏이로서 동생을 돌봐야만 했다. 가족 외식을 하면 엄마는 두 동생에게 맛있는 반찬을 자상히 챙긴다. 나는 질투하지 않았고, 알아서 묵묵히 내 밥을 챙겨 먹었다. 내 수저에도 엄마가 반찬을 좀 올려줬으면 하는 바람을 얼마나 했는지! 밥, 즉 먹는 것이 아이에게는 모성이다.

나는 어른들에게 일찍 철이 들었다는 말을 정말로 많이 들었다. 나도 동생이 하는 짓인 투정을 하다가 철없이 군다고 엄마에게 혼난 적이 있다. 나는 욕구불만이 있으면 무조건 내 방으로 쏙 들어간다. 소리를 지르고, 베개를 집어 던진다. 깨질만한 것은 던지지 않는다. 나 홀로 난동을 부리고 나면, 이어서 엄마가 내 방에 들어와 정색하고 한마디 하신다. "다 했니? 애가 또 미쳤지." 나는 화난 엄마 얼굴을 보면 고양이 앞에 쥐가 된다. 엄마는 방문을 쾅하고 닫고는 늘 같은 말씀을 하셨다. "애는 성격이 참 독특해."

초등학교 때였다. 나는 공부를 잘했고, 그 덕을 단단히 봤다. 아이들은 나의 독특함을 능력으로 봐준 것이다. 나는 거의 말을 하지 않았다. 쉬는 시간이면 책을 읽는다. 아이들은 내가 책을 좋아하는 줄 아는데, 실은 친구들과 어울리지 못해 책으로 피한 것이다. 나는 좀처럼 말하지 않는다. 누가 내 말을 들어주지 않거나 반박하면 어쩌나 하는 불안이 커서, 차라리 말하지 않는 편을 선택했다.

그러다 갑자기 말이 많아지고 혼이 나간 사람처럼 교실 여기저기를 쑤시고 다닌다. 교탁 앞에 서서, 내가 마치 선생인 것처럼 어려운 산수 문제를 칠판에 풀며 나의 능력을 과시하기도 했다. 그때 내 말은 치렁치렁했다. 아이들은 산수보다는 나의 변모한 모습에 재미있어했다. 그때마다 아이들이 했던 말이다. "참 독특해." 후에 알았지만, 조증 증상이었다.

중고등학교 때도 나는 항상 우울했다. 그러다 갑자기 조증이 발발하면 기분이 상승해 반 친구들이 다 내 휘하에 있는 것처럼 나댔다. 성적은 상위여서 공부로 무시당하지는 않았지만, 한창 예민한 아이들은 내 독특함을 인정해 주지 않았다. 오히려 놀렸다. "넌 성격이 참 독특하다. 공부만 잘하면 뭐하니. 사이코인데."

게다가 아버지의 외도로 집구석은 늘 전쟁터였다. 아버지와 엄마야말로 참 독특한 조합이었다. 아버지가 양이라면 엄마는 늑대 정도는 된다. 아버지는 집에서 늑대에게 잡아먹히는 양이기를 거부하고, 밖에서는 마음껏 당신만의 자유를 누렸다. 대기업 임원까지 지낸 아버지는 노후 걱정하지 않을 만큼의 돈을 버셨을 텐데, 일을 그만둘 즈음에는 아파트 한 채와 두 분이 겨우 살아갈 수 있는 연금이 전부였다. 돈이 아버지만 아는 곳, 옆으로 빠져나간 것이다. 그래서 엄마는 더 사나운 늑대가 된 것이다. 엄마가 나에게 너는 참 성격이 독특해, 할 때마다 나는 속으로 '그게 다 당신들 때문이야' 하고 반박했다.

내 안에는 길 잃은 외로운 양과 소심한 늑대가 부둥켜안고 서로를 위로하고 있었다. 겉으로는 일찍 철든 맏딸로 두 동생까지 챙기며, 두 동생의 만족을 내 만족으로 여기는 다 큰 딸이었다. 돌아보고 싶지 않은 시절이다. 두 동생은 그때 내가 아니었다면 삐뚤어졌을 것이라고, 나에게 고마워했다. 나는 그 말이 진심으로 들리지 않았다.

심리 읽기

아이들은 제때 철이 들어야 한다. 일찍 철이 든 것은 어른들에게 맞추어 애정을 구하려는 순응적 태도이다. 독특한 것이 개성일 수는 있으나, 친구들과 전혀 어울리지 못하는 독특함은 회피이다. 쉬는 시간에도 거의 항상 책을 읽는 것은 친구 관계를 맺지 못하는 무능함에 대한 보상이다. 방어도 생존 수단이다. 그녀는 집에서도 학교에서도 우울했다. 견딜만한 우울은 자기 성장에 기여하나, 견디기 힘든 우울은 자기를 기분 좋게 만드는 조증으로 방어되기도 한다. 그녀의 조울증은 예상된 것이었다. 조울증은 정신병적 증상인 환청이나 환시를 동반한다.

3. 너 미쳤니?

나는 소위 '스카이 대학'에 다닌다. 엄마는 나보다 스카이를 더 좋아하셨다. 네가 첫 시작을 잘 끊어야 동생들도 뒤따라간다는 엄마의 소원을 들어 드렸다. 엄마는 사람들을 만날 때마다 내가 아닌, 내가 공부 잘하는 것을 자랑했다. "사회성은 좀 부족하지만…" 이 말도 빠뜨리지 않았다. 나는 부족한 사회성을 이해받는 것 같아서, 그 말이 싫지는 않았다. 내 단점에 면죄부를 받은 것이다.

나는 모두가 부러워하는 대학에 입학한 것을 끝으로, 더는 공부에 열중하지 않았다. 아니, 집중력에 문제가 생겨 열중할 수가 없었다. 더는 목표가 없어서 더 그랬다. 내 머리에는 오만가지 생각으로 가득했다. 집중할 일이 없으니, 생각은 망상 수준으로 치닫고 있었다.

교양 철학 수업 시간이었다. 늘 강의실 한쪽 구석에 숨어있던 나는 갑자기 영감을 받아, 자리에서 벌떡 일어났다. 교수가 묻지도 않았는데, 플라톤의 이데아 개념에 대하여 긴 이야기를 늘어놓았다. 교수는 막지 않았고 끝까지 경청했다. 여기저기서 수강생들이 'WOW~'를 외쳤다. 내 강의가 끝나자, 교수의 피드백이었다. "학생, 공부 많이 했네. 그런데 이데아를 이데아로 설명했어. 나만 아는 것을 모두가 알아듣도록 풀어 설명하면 아주 좋았을걸."

교수는 정확한 지적을 했다. 나는 혼자 망상을 즐긴다. 내 안에 있는 것들은 모두 다 하나의 위대한 관념, 이데아다. 나는 수업 시간에 종종 엉뚱한 질문을 하거나 혼잣말을 했다. 그래서 사이코니, 천재니, 독특한 성격을 가졌느니, 하는 말을 들었다. 나는 그런 평은 내 존재를 드러내는 것으로 오히려 좋아했다. 매우 우울하거나 매우 들뜨거나, 나는 늘 이랬다. 평상심이 없었다. 학교 상담실을 찾아가 처음으로 심리상담을 받아 보니 독특한 성격 때문이니 신경 쓰지 말라고 했다. 나는 의사에게 완치판정을 받은 암 환자처럼 기뻐했다. 걱정할 것 없다. 내 개성으로 나가는 거다. 말하자면 전문가로부터 조울증 증상이 정상이라는 위험한 판정을 받은 것이다.

그러다 좋아하는 남학생이 생겼다. 사랑하고 섹스하고 여행하고 결혼하고 내가 원하는 것을, 상상 속에서 다 했다. 그러자 내 안에 사랑의 이데아가 나에게 말했다. "너는 사랑의 화신이다. 그 남학생도 너를 좋아한다. 사랑 고백을 두려워할 이유가 없다."

이게 아니지, 나 미쳤나. 엄마의 습관적 어투가 떠올랐다. "또 미쳤니." 아니다. 나 지금 착각하고 있는 거다. 하지만 내 안의 사랑의 이데아는 나를 가만 놔두지 않았다. 사랑의 이데아는 힘이 있다. 나를 저돌적으로 만들었다. 나는 신탁을 받아 전하는 것처럼 고백했다. 아니, 선언했다. "너 나를 사랑하지. 나도 너를 사랑해." 사랑은 이데아가 다 했으니 나는 가서 전달하면 된다는 식이었다. 그는 나를 돌부처 보듯 하다 저리 가버렸다.

내 안의 이데아가 말했다. "포기하지 마. 그는 부끄러워하는 거야." 나는 그를 만날 때마다 사랑의 고백이 아닌, 사랑을 선언했다. 사랑은 이데아가 다 해버렸으니 나는 전달만 하면 된다는 식이다. 어느 날 강의실에서 그는 모든 학생이 듣게 큰소리로 외쳤다. "너 미쳤니." 학생들은 개그 콘서트를 본 것처럼 유쾌하게 웃었다. 나는 부끄럽다기보다는 이데아의 명령을 따르지 않은 그를 가엾게 봤다.

심리 읽기

정신이 분열되면 무의식 깊은 곳에 있는 언어들이 감별 작업을 거치지 않고 의식 위로 올라와 자아에게 말을 건다. 그녀가 사랑의 화신인 것은 맞다. 그녀뿐만 아니라, 모든 사람의 무의식에는 사랑의 화신이라 할 수 있는 이데아가 있다. 그러나 이 화신은 자아의 필터링을 통하여 현실에 맞게 표현돼야 한다. 정신이 분열되면 자아의 분별력과 필터링 기능은 현저히 떨어진다. 그래서 미쳤다는 말을 듣는다. 그녀는 상상 속의 일이 마치 현실인 것처럼 왜곡하고 있었다. 그녀는 있는 그대로, 존재 자체로 인정도 사랑도 받지 못하면서 컸다. 깊은 마음의 병이 '정상적 독특함'으로 오해받으면서 전문 치료도 받지 못했다. 그녀의 병은 깊어가고 있었다.

4. 시집이나 갈까

대학을 졸업한 나는 대기업에 취직했다. 한 달을 버티지 못하고 치료부터 받으라는 부서장의 말에, 오히려 감사 인사를 하고 서울 빌딩 숲에 있던 그 회사 사옥을 빠져나왔다. 이렇게 엄마의 스카이 로맨스는 무너지고 말았다.

고시를 준비한다고 한 1년을 노는 둥 공부하는 둥 하다가 의류 판매장 점원으로 지원했다. 매장 사장은 내 이력서와 내 얼굴을 번갈아 가면서 뚫어지게 쳐다봤다. "여기서 일할 분이 아닌데요."

나는 사회성이 부족하다. 많은 사람과 접촉해야 사회성도 생길 것이다. 의류 판매장은 인간관계를 연습하는 좋은 연습장이며, 하는 일도 단순해 스트레스를 받지 않을 것 같았다. 의류 판매장 사장은 고개를 절레절레 흔들면서도 말했다. "그러면 한번 일해 볼까요. 내일부터 출근하세요."

사장은 내 미모가 매장의 마스코트가 될 수 있다고 판단했을 것이다. 하지만 나는 감정의 기복에 따라 매장에서 멍하니 있거나, 합리적 이유도 없이 고객들과 말다툼하곤 했다. 사장은 일보다는 치료가 더 중요하다며, 나에게 치료부터 받고 다시 오라고 했다. 나는 감사하다며 도망가듯 매장을 빠져나왔다. 대기업 1개월과 의류 판매장에서 3개월 사회생활, 그것이 나의 사회생활 전부였다.

대학만 나오면 취업 걱정을 안 하던 시기에, 남녀 불문하고 동기들은 거의 대기업에 취업했거나 학자가 되기 위해 학업을 계속했다. 나의 독특함은 개성이 아니라, 정신병일 가능성이 커졌다. 엄마는 아셨을 것이다. 그래서 걸핏하면 '또 미쳤어'라고 하셨을 것이다. 나의 독특한 성격에 면피를 주는 것 같아서, 한편 고맙던 그 말은 사실일지도 모른다.

나는 은둔형 외톨이가 됐다. 급 우울증세를 보였고, 가끔은 환청을 듣기도 했다. 이런 증세는 새로운 것이 아니다. 항상 내 안에 있던 것들이 내가 약해진 틈을 타고 뚫고 나온 것이다. 오랜 세월 나의 투쟁 대상은 내면의 소리였다. 나는 정신병에 걸린 게 맞다. 나를 정신병원에 보내달라는 내 청을 부모님은 거절했다. 정신과 진료 흔적은 결혼에 지장이 있다는 것이다. 그리고 모성의 위대한 힘은 위대한 일을 준비하고 있었다.

"제가 저 나이에 연애 한 번 못 해서 저러지. 좋은 사람 있으면 시집이나 보내야겠어." 엄마는 정말 그렇게 생각하셨다. 나는 집을 나갈 수 있다는 것에, 앞뒤 가리지 않고 시집이나 가는 것을 반겼다.

엄마가 말하는 좋은 사람, 즉 '집안도 좋고 잘 나가는 사람'과 맞선을 봤다. 두말할 것도 없이 나는 그를 첫눈에 반하게 했다. 에스라인의 미녀, 약간은 우울해 보이는 내 첫인상, 심리학자들의 연구에 의하면 남성은 여성의 우울한 기색에 더 성적 매력을 느낀다는 것이다. 게다가 명문대학 졸업생이다. 부모님은 부자는 아니어도 그래도 그 연세에 대학까지 나오신 지식인이다. 남자의 부모도 흔쾌히 결혼을 승낙했다. 이왕 할 거 빨리하면 좋다는 양가 부모의 합의에 따라 결혼 날짜를 4개월 후로 확정했다. 그러자 이 낯선 변화에 나는 적응하지 못했다. 나의 정신병적 증상은 심해졌다.

막상 그날이 다가오자, 나는 불안해했다. 나 아직 결혼할 준비 안 됐다. 내가 한 남자를 사랑할 수 있을까. 그와 부부관계를 할 수 있을까. 시집 식구와의 관계는 잘할 수 있을까. 저 남자는 나의 독특한 성격을 이해해 줄까. 엄마는 결혼만 하면 이 모든 불안에서 내가 해방될 거라 믿었다. 게다가 좋은 곳으로 시집간다고 기뻐하셨다. 엄마 입장에서, 엄마는 나를 포기하지 않았다.

나의 자존감은 바닥을 치고 있었고, 극도로 불안했다. 그때들은 소리다. "너는 빛의 딸이다." 나중에야 이것이 조증 증상인 것을 알았지만, 자존감이 바닥을 치던 그때 이 음성으로 나의 자존감은 급상승했다. 나는 한 남자가 아니라 인류를 위해서 일해야 한다는 사명감으로 충만했다. 자신 없는 결혼을 피하려는 회피성 환청일 수도 있다. 아무튼 나는 그 일을 위해 의기양양하게 유명 사찰 ○○○로 가던 중, 택시 운전기사는 나의 실언을 이상히 여겨 경찰서에 신고했다. 나는 바로 그 지방 정신병원에 입원했다. 조울증 진단을 받았다. 조울증은 우울과 조증이 반복적으로 교차하는 것으로 심하면 정신병적 증상까지 발발하는 병이다. 담당 의사는 약을 잘 먹어야 한다고 했다.

 그러나 자식을 위한 모성은 어떤 과학적 사실보다 앞선다. 엄마는 의사의 진단을 거부했다. 학창 시절 줄곧 일이 등을 다퉜고, 일찍 철든 내가 정신병에 걸릴 수 없다는 것이다. 그걸 인정한다면 엄마의 삶도 동시에 무너지는 꼴이 된다. 엄마는 내 병환을 비밀로 하라고 했다. 그까짓거 결혼식 올리고 안정을 찾으면 다 낫는다고 했다. 나는 가끔 엄마의 마력을 기대한다. 엄마는 할 수 없는 것을 하는 비상약을 가지고 있을지 모른다고 생각하곤 했다. 어린 시절에 엄마가 내 곁에 와주기를 막연히 기대한 것처럼.

 나는 남편 될 사람에게 내 병증을 말해야 했다. 이 좋은 혼처를 놓치면 두고두고 후회한다고 혼사를 밀어붙인 엄마에게 항변해야 했다. 아버지는 조심스럽게 말했다. "우선 치료부터 하고, 결혼은 연기해야 하지 않을까. 그게 두 사람에게도 좋은 일이 아닐까." 양 같은 아버지가 늑대 같은 엄마를 이길 수는 없다. 나는 모든 준비를 일사천리로 끝내는 엄마의 손에 끌려, 마침내 결혼예식장에 신부 입장으로 입장했다. 나의 결혼사진을 보면 얼굴은 굳었고 입만 약간 벌려 웃는 시늉을 했다. 엄마는 내 웃는 얼굴을 보고서야 마음이 안심됐다고 하셨다.

> 심리 읽기

　가족 심리학자 보웬에 의하면, 정신분열증 환자의 엄마는 대체로 냉담하다. 자식이 아닌 자신의 욕망을 자녀에게 밀어 넣는다. 그녀들은 자식을 위한다는 명목의 자기 욕망을 공감으로 착각하기도 한다. 조울증 진단을 받은 딸을 결혼으로 밀어 넣는 것은 누구를 위한 것일까? 결혼 날짜가 다가오자, 딸은 빛의 딸로 이 모든 무거운 현실로부터 피했다. 빛의 딸은 그녀의 존재감을 급상승해 줬으나, 그녀는 그 말을 문자 그대로 해석함으로써 병은 더 심해졌다.

5. 어두운 현실은 몽롱한 꿈이 되었다

    남편은 양같이 순한 사람으로 아버지와 같았다. 그는 나의 독특한 성격에 거의 많은 것을 맞춰주려 노력했다. 나는 남자와 한 침대에서 자고, 한 식탁에서 밥 먹고, 한 화장실을 쓰는 것들에 적응이 안 됐다. 나는 적응할 수 없는 것들에 불안해한다. 그 불안을 감당할 수 없을 정도가 되면, 나도 모르게 조증으로 도망간다. 나의 조증은 밤새 음악 틀어 놓고 춤을 추는 거, 밤샘 전화 통화하는 거, 백화점 눈요기, 여기저기 돌아다니기, 남편에게 화내기 등이다.

    그러다 우울해지면 방 청소, 밥상 차리기, 설거지 등 일상의 작은 일들을 해내지 못하고 침대에 종일 누워 있었다. 시간에 쫓겨 사는 남편이 가사를 대신해야 했다. 결혼 후 남편에게 들킬까 염려돼, 끊은 조울증 약을 다시 먹었다. 이 약 복용 중에는 임신을 할 수 없다. 나는 남편 몰래 피임했다. 그러나 부부가 한집에 살면서 비밀은 있을 수 없다. 남편에게 들켰다. 남편은 정신병을 속여 결혼했다고 화를 내는 대신 절망했다. 내 조울증을 2년 정도 견뎌낸 남편은 내 부모에게 찾아가 당신들과 우리 부모와의 관계도 있는데, 어떻게 속임수로 딸을 결혼시킬 수 있느냐며 따졌다고 한다. 남편은 나를 걱정했고, 내가 불쌍하다며 울다 돌아갔다고 한다.

나는 이런 상황을 받아들일 수 없었다. 환청과 감정의 롤러코스터는 더 심해졌다. 약물은 늘어났다. 나는 성적 불감증으로 남편과 관계할 수 없었다. 여자로서 많은 기능이 부족한 나와의 결혼 생활이 남편에게는 지옥이었을 것이다. 결혼은 운명과 같은 것, 남편은 운명을 수용하려 했다. 절망은 해도 나에게는 화내지 않으려 노력했다. 남편도 사람이다. 인내심에는 한계가 있다. 일방적으로 베푸는 희생은 희생이 아니라 고문이다. 남편이 퇴근 후 귀가 시간이 늦어지기 시작했다. 그러나 그것은 오히려 나에게 다행이었다. 내가 남편에게 베풀 수 있는 최고의 선의였다.

그런 중에서도 남편은 백방으로 뛰어다니며 내 병을 완치할 수 있는지 알아보러 다녔다. 전문가의 의견을 종합한 남편의 결론은 포기였다. 남편이 홧김에 한 말이다. "우리 이제 헤어지자. 아니면 함께 정신병원에 입원하던가." 나는 같은 환청을 매일 들었다. "너는 빛의 딸이다." 나는 그 빛과 날마다 대화를 나누었다. 그 일은 절망의 심연에서 뒹구는 나의 유일한 희망이고 탈출구였다. 고통스러운 현실을 피하는 환청이었다. 남편은 혼자 중얼거리는 나를 두려워했다.

남편은 나를 정신병원에 입원시켰다. 두 번째 정신병원 입원이다. 의사는 정신을 몽롱하게 하는 약을 여러 번 바꾸어 가며 나에게 맞는 약물을 찾기 시작했다. 마침내 찾았다며, 의사는 무슨 신대륙이라도 발견한 것처럼 남편에게 자랑스럽게 말했다. 나는 그 약만 먹으면 머리가 몽롱해진다. 우울해진다. 신체에 무기력감과 잠이 온다. 센 화학 약품으로 조증을 원천 차단한 것이다. 조증이 소거되는 대신 나는 우울해졌다.

그래도 우울한 상태에서는 현실인식이 있다. 나는 남편을 보내주는 것이 내가 남편에게 할 수 있는 최고의 선물이라 했다. 아버지는 동의했고, 어머니는 사위를 탓했다. 나는 남편을 병원 휴게실로 불러 약물로 반쯤 몽롱한 상태에서 말했다. "그동안 고생 많았어. 당신도 당신 인생을 찾아가야지. 원하는 아들딸 낳고." 마음 약한 남편이 먼저 꺼내지 못할 말이다. 나도 내 정신으로는 못 할 말을 약물의 힘을 빌려 말해 버렸다. 남편은 고맙다는 말만 하고 일어섰다. 내가 그 말 하기를 기다렸던 사람처럼. 돌아가는 남편의 등에서 한기가 느껴졌다.

한 달 후, 나는 남편 집이 아니라 부모 집으로 퇴원했다. 친정집에 들어오자마자 오랜 긴장이 풀렸다. 나는 반쯤 넋이 나간 채로 10년 된 익숙한 거실 소파에 털썩 주저앉았다. 엄마는 식탁 의자에 앉아 울고 있었다. 나의 외모와 스카이 졸업장, 더는 엄마의 것이 아니다. 명문 집안, 잘 나가는 남자도 더는 엄마의 사위가 아니다. 엄마는 엄마 것이기도 한, 내가 아닌 내 것을 잃어 슬펐을 것이다.

아버지는 내 어깨에 부드럽게 손을 대셨다. 내 기억에 처음으로 포옹을 해 주셨다. 그동안 고생 많았다고, 앞으로는 우리와 함께 살면 된다고 격려해 주셨다. 이혼에 대한 남들의 시선이 문제가 아니라, 이혼에 대한 나의 태도가 중요하다고 했다. 내가 퇴원한단 소식을 듣고 시간 맞춰 집에 들어온 동생들은 나를 걱정스러운 눈빛으로 보고 있었다. 혹시 자기들 짐이 되는 것은 아닌가, 하는 염려가 왜 없었겠는가.

나는 이 모든 것이 꿈만 같았다. 명의로 알려진 정신과 의사가 환호를 지르며 찾아낸 그 약은 내 어두운 현실을 몽롱한 꿈으로 바꾸었다. 그래서 명의다. 나는 그 몽롱한 꿈속에 살면서, 더는 주변을 힘들게 하는 조증으로 도피하지 않았다. 그러나 약물로 무기력한 신체 반응, 내가 나 같지 않은 이인증(離人症) 상태, 만성화된 우울증으로 삶의 질은 점점 떨어지고 있었다. 차라리 조증으로 도망간, 예전에 그 즐거움을 그리워했다. 친구 P의 말이 떠올랐다. "우울을 견뎌야 해. 잘 견디려면 몸을 많이 움직여야 해. 조증의 화려함은 다 허구야."

> 심리 읽기

　조증은 우울을 견디기 힘들어 자아가 만들어낸 기분이 상승하는 방어기제이다. 조울증 치료과정에서 조증이 소거되면 본래의 상태인 우울이 온다. 우울은 죄책감을 가져오고, 이때 비로소 나 때문에 얼마나 많은 사람이 고통을 받았는지 실제 그 이상의 느낌이 온다. 이를 견디기 힘들어 다시 조증으로 피한다. 그러면 조울증이다.
　조울증 치료과정에서 우울증은 피할 것이 아니라 필연적으로 극복해야 한다. 우울증 상태에서 그녀는 남편의 힘듦이 보였다. 힘듦을 좋은 것을 바꾸어 버리는 조증으로 가기 전에 그녀는 남편에게 진심을 말했던 것이다. 적당한 경조증은 분위기 메이커이고 삶을 즐길 수 있는 능력이다. 거기에는 진심도 있다. 그러나 심한 조증 상태에서 진심은 너무 쉽게 드러나거나 증상으로 가려진다.

6. 너 자신 말고, 너의 삶을 믿어라

나는 장애 등급을 받은 조울증 환자다. 내 용돈은 내가 번다고 아르바이트를 해봤으나 일주일을 버티지 못했다. 사람들 틈에 끼면 무시당하는 느낌, 또 어떤 때는 내가 그들을 무시해 버리는 이상행동으로 주변을 놀라게 한다. 주치의는 일하면 병증이 심해지니 집에서 안정을 취해야 한다고 했다. 언제까지 안정이나 취해야 하나? 의사는 답변해 주지는 않았다.

나는 어떻게 살아갈 것인가? 두 분이 돌아가시면 나 혼자 남는다. 부모님은 너 하나 살 최소한 대책은 있고, 두 동생이 조금이라도 도와줄 것이니 걱정하지 말라고 했다. 나이는 40 중반을 넘기고 있다. 오랜 세월 약물로 살았으니, 각종 성인병도 더 빨리 올 것이다. 내 존재 자체가 민폐이다.

강박적으로 책을 읽는 나를 보고 엄마는 너는 글을 잘 쓰니, 페이스북에 취미를 붙여 보라고 했다. 대면이 아닌 글로 하는 대화는 할 수 있을 것 같았다. 계정을 만들었더니 출신학교 동창생들이 페이스북 친구로 한 명, 두 명 늘어났다.

내가 올리는 글은 주로 간단한 독서 후기 같은 것이다. 내 포스팅이 늘어나자, 내 사생활이 궁금한 동창들은 어디서 살고, 일은 하는지, 아이들은 몇 명인지, 남편은 무엇 하는지, 사적인 것을 물어왔다. 나를 한가한 시간에 책이나 읽으며 우아하게 사는 여자로 본 것이다. 보험을 판매하는 동창은 당장에라도 방문할 것처럼 내 주소를 물었다. 여기도 내가 놀 곳은 아니었다. 다들 올리는 글과 사진은 '나 좋은 곳에서 좋은 음식 먹고 있어'이다. 그런데 나는? 나는 페이스북 계정을 탈퇴했다.

살아야 하나. 내가 살아야 하는 이유는 무엇인가? 죽어야 하나. 내가 죽으면 가족은 어떨까? 슬픔은 잠시, 나 때문에 마음고생 한 가족은 내심 기뻐할 것이다. 오랜 충치 하나가 알아서 빠져준 것이 될 것이다. 그렇다고 생목숨을 끊는 것은 도리가 아니다. 나는 이런 극단적 생각에서 벗어나려 강박적으로 집안일에 몰두했다. 최소한 밥값은 해야 한다.

나는 우울의 심연으로 점점 깊이 들어가고 있었다. 화학 약품이 내 몸 이곳저곳을 침투에 들어왔다. 약물은 삶에 원기를 주는 적절한 경조증마저도 아예 차단했다. 정신과 약물은 인간의 감정을 빼앗아 간다. 자아가 다루어야 할 감정을 약물로 눌러놓은 것이다. 정기진료 시에 우울증이 심하다고 하면, 주치의는 아무 말도 하지 않고 우울증 약을 더 처방해 주었다. 잠이 안 와요, 하면 수면제를 늘려줬다. 그래도 안 되면, 더는 약물을 늘릴 수 없으니, 운동하라고 했다. 의사가 할 수 있는 최선이었다.

우울증의 가장 큰 위험은 자살 충동이다. 나는 단 하루도 자살을 생각 안 해본 적이 없다. 의사는 나의 자살 충동 이야기를 듣고, 그러면 입원하란 말만 했다. 그러나 살아야 한다. 부모님이 버젓이 살아계신데, 내가 자살하면 그분들 가슴에 대못을 박는 일이다. 내가 할 수 있는 유일한 효도는 자살하지 않는 것이다. 자살하더라도 부모님이 떠난 후에 해야 한다.

오랫동안 잊고 살았던 P를 찾아갔다. 그는 나에게 있었던 긴 사연을 말없이 들었다. 그의 눈에 눈물이 고였다. 이 처참한 인생에 P는 어떤 말을 할까? 나는 마지막 지푸라기라도 잡는 심정이었다. 그러나 P도 나처럼 삶의 고통과 싸우는 평범한 인간이다. P의 다른 점은 타인의 마음속에 들어갈 줄 안다는 것이다. 지금껏 나에게 조언을 한다는 사람들의 모든 조언은 나와는 무관한 자기 것을 내게 던져줬다. 그래도 P라면 다를 것이다.

P가 입을 열었다. "그렇다고 해도 삶은 계속돼. 이럴 때는 너를 믿지 말고 너의 삶을 믿어야 해. 네가 삶을 사는 것이 아니라 삶이 너를 살게 해줘. 내 말이 너무 추상적인가. 독서량이 많은 너는 내 말을 이해할 거야."

너를 믿으란 말은 많이 들어봤다. 나는 나를 믿을 수 없다. 믿을 수 없는 내가 만든 삶은 더 믿을 수 없다. 지금까지 내가 들은 조언은 너를 믿으라, 이런 식이었다. 삶의 절벽에 서 있는 나를 위한 말이 아니라, 아직 삶의 여유가 있는 그들에게나 좋은 말이었다.

하지만 너의 삶을 믿으라는 말은 달랐다. 삶은 내 위에 존재하는, 나보다 더 큰 무엇일 것이다. 그 삶이 나를 살게 한다. 내가 나를 사는 것에는 자신이 없다. 실패투성이였다. 이번에는 내가 아니라 나의 삶을 믿어보라는 P의 말에, 나는 작은 희망이 생겼다. 내가 주체가 아니라 삶이 주체가 되는 것이다. 나를 믿을 수 없는데, 삶을 믿을 수 있단 말인가? 삶은 나보다 더 큰 것임을 믿는다면 가능한 일이다. 그럼, 삶이 나를 살게 하는, 그 긴 시간에 나는 무엇을 해야 하는가. P가 말했다.

"두 다리, 사람에게 왜 두 다리가 있는 줄 알아? 걸으라고. 걷지 않아서 마음에 병도 생기고 몸에 질병도 생겨. 현대인이 앓는 심신의 병은 다 걷지 않아서야. 너는 조울증 진단 후 걷지 않았어. 병을 핑계로 더 걷지 않았어. 걸으면 살아. 오늘부터 걸어. 걷는 일을 내일로 미루지 마." 내 정신과 의사도, 내과 의사도, 산부인과 의사도, 더 해줄 말이 없으면 다 걸으라고 했다. 그러나 P의 '걸으라'는 새롭게 들렸다.

> 심리 읽기

'너를 믿으라'와 '너의 삶을 믿으라'는 어떤 차이가 있을까? 전자는 나의 능력을 믿는 것이고, 후자는 내 삶을 살게 하는 보다 큰 힘을 믿으라는 것이다. 사람이 한평생 살아야 할 삶의 방향은 자아보다 더 큰 에너지를 가진 원형(原型)이 결정한다. 인간의 자유의지는 원형에 귀속된다.

내 능력의 한계치 앞에서 슬퍼하고 절망할 때 삶이 슬며시 다가와 말해 준다. "그러니까 너 자신이 아닌 너의 삶을 믿어야지." 나를 믿으면 내가 이끌어야 한다. 삶을 믿으면 삶이 나를 이끌어준다. 말장난 같은가? 그렇다면 아직은 너를 믿어야 할 때이다. 그러나 당신도 언젠가는 당신이 아닌, 당신의 삶을 믿어야 할 때가 생길 것이다. 너를 믿으면 용기가 생기고 너의 삶을 믿으면 성장한다.

7. 강물은 흐를 곳을 정하지 않고 흐른다

　나는 대단지 아파트에 산다. 걷기로 했다. 건강하게 살자는 것은 아니다. 그것은 내게 사치이다. 살기 위하여 걷기로 했다. 걸음아 나를 살리라는 절박한 심정으로 걸었다. 매일 아침 같은 시간에 아파트 주변을 속보로 몇 바퀴는 돌았다. 아파트 아침은 정말 분주했다. 출근하는 사람, 등교하는 학생, 음료 및 신문 배달부, 셔틀버스를 기다리는 엄마와 아이, 애견 산책 나온 사람, 동 주변을 청소하는 경비원, 모두가 발걸음이 빨랐다. 사람들 발이 바삐 움직여 세상은 바쁘게 돌아가는 것이다. 그렇다, 삶도 항상 살아있다. 그동안 동굴에 갇혀 삶을 못 봤다. 내 안에 갇혀 캄캄한 어둠, 죽음만 봤다.

　오후에 몸이 나른해지는 시간이면, 내 우울은 나른한 몸을 타고 밑으로 내려온다. 가장 견디기 힘든 시간은 점심을 먹고 저녁 준비 전까지, 오후 2시에서 5시 사이였다. 나는 이 시간에 실성한 사람처럼 침대에 누워 있다가 잠들곤 했다. 그러니 밤에 잠이 안 와 수면제 양을 늘린다. 살기로 하면서, 나는 이 시간에 아파트를 감싸고 있는 동산을 걸었다. 그 시간에 거기서 만나는 사람은 주로 중년여성과 어르신들이었다. 정상 직전에는 50m 정도의 깔딱 고개가 있다. 숨을 몰아쉬면서 정상에 오른다. 정상에 오르면 무엇인가를 해냈다는 성취감이 있다. 집으로 돌아오면 몸은 땀으로 흠뻑 젖어 있다. 샤워하고 나면 나는 새사람이 된다.

　나의 강박 성격은 이 의례를 잘해냈다. 적어도, 걷는 시간만큼은 나는 생생히 살아있었다. 내가 걷기를 시작한 것을 알고 P가 한 말이다. "걸을 때는 걷는 것만 생각하라." 이 말에 또 한 번의 깨달음이 왔다. 처음에는 잘 안됐지만, 하다 보니 어려운 일이 아니었다. 걷는 것만 생각하고 걸으니 그 짧은 시간에 마음이 진공상태가 됐다. 슬프지도 기쁘지도 않은 상태, 그러면서 삶의 모든 것들을 받아들일 수 있을 것 같은 여유. "이 상태가 반야심경에 나오는 색즉시공(色卽是空), 공즉시색(空卽是色)일까?"

　걷는 것만 생각하니 걱정거리는 없다. 이따금 내 뇌리의 빈틈을 파고드는 걱정거리들, 그것들은 다 합리적인 이유를 가지고 나에게 덤빈다. 나는 내일 일은 내일로 맡기고 걷기에만 몰두한다. 지금 내가 하는 일에만 집중하고 사는 것, 그러면 자아는 쓸데없는 감정에 빠지지 않는다. '이것이 삶이 나를 살게 하는 것이 아닐까?'

　'나를 걷게 하는 두 다리는 무엇인가? 두 다리를 따라가는 나는 누구인가?' 내가 걷는 것이 아니라 발이 나를 걷게 해줬다. 발은 내 몸의 일부이면서 거대 자연의 일부로 땅과 접촉한다. 그동안 나의 괴로움은 자아가 만들어 낸 '생각의 파편'이었다. 나는 공중 분해되는 파편이 진짜인 것처럼 자아의 편견에 갇혀 살았다. P의 말을 곱씹는다. "삶을 믿으면, 삶이 너를 산다."

그렇다. 내가 삶을 사는 것이 아니라, 삶이 나를 살게 해준다. 내가 살려니 온갖 번뇌가 나를 괴롭혔다. 삶에 나를 맡기는 것이다. 삶에 대한 수동적 자세야말로 가장 적극적 자세이다. P가 말했다. "강물은 흐를 곳을 정하지 않고 흐른다. 그리고 한 방울도 남김없이 바다에서 만난다." 나는 세속의 선승이 돼야 한다. 도, 즉 삶의 원리를 깨달아야 한다. 그래야 산다. 조울증이 나에게 준 선물이다.

실용주의자는 말할 것이다. "그래서 어쨌다는 거야, 네 삶은 변한 것이 없는데." 맞다. 내 삶은 여전히 불안하다. 내 병이 완치돼서 멀쩡한 직업을 가지게 될 확률에 의사는 회의적이다. 그러나 상황을 대하는 마음은 바꿀 수 있다. 단지 마음만? 그렇다. 나는 병만 있을 뿐이다. 마음은 더 높은 곳을 날려는 리처드 바크의 소설 《갈매기의 꿈》에 나오는 갈매기 조나단이 될 수 있지 않을까.

아, 갈매기 조나단도 우울증에 걸렸을 것이다. 그래서 부둣가의 썩은 고기에 미쳐있지 않고, 하늘을 나는 연습을 했을 것이다. 그래서 얻은 것은 높이 나는 기술이다. 혹시 갈매기 조나단도 조증. 그럼 건강한 조증과 병적인 조증은 어떤 차이가 있을까. 인생은 높이 나는 기술을 연마하는 영원 속의 한 점이다. 이런 면에서 조증이라면, 나는 견딜 만했다.

조나단은 성격이 독특하고 미쳤기에 집단을 떠나 비행 연습만 했다. 그러다 하늘을 꿰뚫는 차원이 다른 경험을 했다. 나는 갈매기 조나단처럼 살려고 계획하고 이 땅에 왔을 수도 있다. 병증은 나를 세상에 집착하지 못하게 했다. 나의 독특하고 미친 성격은 세상과 거리를 두게 했다. 돌아보면 나의 성장사는 현실을 뛰어넘으려는 열망으로 가득했다. 나의 이런 통찰에 대하여 정신과 의사는 그것도 조증이니 조심하라고 했다. P는 다른 방향에서도 봤다. "비상하려면 회피하고 분열돼야 해."

만일 내가 평범한 삶의 기준을 가졌다면, 정신병에 안 걸렸을 것이다. 하지만 나는 현실에 만족할 수가 없었다. 모두가 그런 줄 알았다. 모두가 그렇지 않아 나는 부적응자가 된 것이다. 엄마는 내가 보통 아이들 같았으면 좋겠다고 했다. 그렇지 않은 나를 보고 걱정하여, 엄마 스스로 위로하는 말이 '애는 독특해'였다. 부적응보다는 '독특해'가 말하기도 듣기도 좋다. 인내심도 차고 넘쳐 한계에 도달하면 엄마는 '너 미쳤니' 하며 당신의 괴로운 감정을 풀어버린 것이다.

P는 내 삶에 의미를 가지게 해줬다. 나는 선착장이나 부두에 버려진 생선 조각이나 먹는 갈매기여도 좋다. 내 삶의 목적은 '하늘로 비상'이다. 이런 내 생각은 여전히 정상의 범주는 아닐 것이다. 그러나 정상으로 살면 정상인 밖에 안된다. 나는 집단의식과는 구별된 나만의 인생을 살아야 한다. 독특한 성격은 독특하게 살아야 한다. 미쳤으면 미친 사람으로 살면 된다. 미치지 않으려 하니 더 미치는 것이다. 어두운 밤을 헤매던 내게 한 줄기 빛이 들어왔다. "나는 독특하게, 미친 사람으로 사는 거다. 갈매기 조나단처럼."

나는 수면제의 양을 줄였고, 조울증 약도 줄였다. 나는 여전히 불안한 미래를 삶에 맡겨야 하는 모험가이다. 절망은 수시로 내 허한 가슴을 노크하지만, 그분을 정중히 모시고 잘 대해주면 된다. 절망을 잘 모시는 방법은 절망은 해도 그 느낌을 내 것으로 하지 않는 것이다. 실천해 보지 않은 사람은 그것이 어떻게 가능하냐고 묻는다. "걸어라. 걸으면 그게 된다. 두 발이 상하기 전까지는 걸어라." 나는 '그게 아니라'라는 말을 참 많이 썼다. 이 말은 세상에 대한 불만의 표현이다. '그래, 그럴 수도 있지'가 서서히 내 말버릇이 됐다. 이 말은 수시로 암송하는 내 기도문이 됐다. "그래, 그럴 수도 있지."

하루에 걷는 두세 시간만큼 나는 생생히 살아있다. 어느 쾌청한 가을날, 산에 오른 나는 고개를 들어 하늘을 봤다. 하늘은 날 내려다보고 있었다. 나는 산 아래 아파트 숲을 내려다봤다. 하늘과 나와 땅, 이 셋은 별개가 아니었다. 땅은 모든 생명체를 살게 하고, 하늘은 돕는다. 봐라, 곱게 물든 가을 나무를. 나무는 하늘의 도움을 받아 땅이 살게 한다. 하물며 사람을…! "너의 삶을 믿어. 삶이 너를 살게 해." 20년 전 정신병적 증상으로 들은 '너는 빛의 딸이다'라는 말도 생각났다. 존재하는 모든 것들은 하늘의 도움을 받는다. 하늘은 빛이고, 빛 아래 있는 우리는 모두 다 빛이다. 빛의 자녀가 아닌 것은 없다.

> 심리 읽기

불평이 쌓이면 콤플렉스가 생긴다. 해결되지 않은 콤플렉스가 쌓이면 신경증이 되고, 신경증이 쌓이면 정신증이 된다. 불평을 해결하는 근본 대책은 그것을 내 삶에 퍼즐 조각으로 받아들이는 것이다. 그러나 욕망하는 자아는 이를 거부한다. 삶의 퍼즐 조각을 거부하는 것이 한낱 쓸모없는 짓이라는 깨달음이 올 때, 받아들임이 가능해진다. 쉽게 말하면 자아의 욕망이 꺾여야 더 큰 자아, 즉 자기를 만난다.

열등감은 받아들이지 못해서 생기고, 우월감은 열등감에 대한 조증 방어이다. 예로부터 걷는 것은 수행의 필수였다. 걸으면 의식은 맑아지고, 맑아진 그곳을 점점 더 깊은 무의식에서 올라온 빛이 비친다. 그래서 사람은 빛의 자녀이다. 분석심리학에서 말하는 개성화의 먼 길은 각자가 '빛의 자녀가 되는 것'이다.

8. 가장 수동적인 것이 가장 능동적이다

2020년 10월 31일

나는 서둘러 하산했다. 엘리베이터를 타고 내가 사는 동 20층까지 올라갔다. 오늘은 옥상 방수작업 중이라 옥상 문이 살짝 열려 있었다.

구름 한 점 없는 하늘을 올려다봤다. 20년 전에 들은 그 말이 또 들렸다. "너는 빛의 딸이다." 아래를 내려다봤다. 국화꽃도 백일홍꽃도 활짝 피었다. 놀이터에는 아이들이 소리를 지르며 놀고 있었다. 단지 내 작은 농구장에는 중학생으로 보이는 두서너 명의 남학생이 볼을 연신 하늘로 쏘아대고 있었다. 가을이지만 미세먼지가 많아 맑은 하늘을 보기 어려운 현실이지만, 오늘은 말 그대로 높고 푸른 가을 하늘이다.

나는 지금 어머니가 계신 6층을 내려다보면서 '어머님 은혜'를 불렀다. 눈물이 나왔다. 대장암 수술을 받으신 이후에 훌쩍 늙으셨다. 노래는 내가 어머님께 드리는 선물이다. 20년 전에 정신병으로 듣던 '너는 빛의 자녀다'가 지금은 나에게 희망을 주는 하늘의 음성으로 들렸다. 그때는 비구니를 수련시키려 지방 사찰로 내려갔지만, 지금은 여기서 빛의 딸로 살면 된다. 빛의 딸이라고 해서 갑자기 다른 일을 하는 것은 아니다. 지금 하는 일을 빛처럼 하면 되는 것이다.

나는 삶이 힘들 때마다 어머니를 탓했다. "다 엄마 때문이야." 엄마가 정말 미워서가 아니라 미워할 대상이라도 찾아 나를 달래야 했다. 엄마를 나쁜 사람으로 만들어야 내가 좋은 사람이 될 것이고, 나는 면피한다. 어머니도 자신의 짐을 지고 험한 인생의 계곡을 오르는 가냘픈 여성이다. 엄마는 고등학교 3학년 때 아버지가 돌아가셨고, 일 년도 안 돼 어머니마저 돌아가셨다. 지방에서 서울로 올라와 동생들까지 챙기며, 아르바이트로 대학 교육을 마치신 분이다. 엄마가 걸어온 험한 산을 이해하기 시작했다.

탓은 자신이 빚은 것을 모르는 사람들의 핑계이다. P의 말은 화살기도이다. "너의 삶을 믿어봐. 삶이 너를 살게 해" 가장 수동적인 것이 가장 능동적이다. 나의 이러한 변화를 감지한 P는 마지막으로 이런 말을 들려줬다. "타인의 고통이 내 고통처럼 보일 때, 내 고통은 반으로 줄어든다. 동기가 순수해야 그런 기적이 일어난다."

그렇다고 내가 가진 질병이 다 치료된 것은 아니다. 나는 여전히 사회적 고립 상태에서, 하루를 살아가야 한다. 사회적 고립이 나쁜 것만은 아니다. 사회적 활동을 활발히 하는 사람, 실은 그들도 고립돼 있다. 나는 고립을 내 삶에 중요한 퍼즐 조각으로 받아들이기도 했다. 뭐든지 받아들이면 그것은 고통이 아니라, 내 삶의 일부가 된다.

> 심리 읽기

> 엄마는 변하지 않았지만 엄마를 보는 내가 변했다. 이를 대상 표상의 변화라고 한다. 대상 표상이 변하면 자신과 타자에게 관대해진다. 그리고 세상은 변하지 않았지만 세상을 보는 내가 변한다. 의식의 지평이 그만큼 넓어진 것이다. 이를 개성화라고 한다. 개성화의 목표는 내가 곧 빛인 것을 존재로 경험하는 것이다. 존재로 경험하기 전, 우리는 그것을 인식하는 것으로부터 시작해서 많은 것들을 경험해야 한다. "나는 빛의 자녀다." 이 말은 그녀의 깊은 무의식에서 나온 말로 진실이다. 과거에는 이 말을 정신병으로 들었다면, 지금은 진실로 들었다. 정신병은 세상이 괴로워 하늘로 도피하는 것이라면, 진실은 하늘로 도피한 것들을 땅에서 뿌리내리게 한다.

10장

나를 위해 눈물을 흘리는 사람이 있었다
나는 몸은 남자, 마음은 여자인 트렌스젠더이다

1. 몸은 남자 마음은 여자

남녀 성 구별을 뚜렷이 인식하던 5살 전후로 기억한다. 햇살이 따사로운 봄날, 엄마는 내 손을 잡고 놀이터에 갔다. 머리를 곱게 따고 짧은 치마에 하얀 스타킹을 신은 여아가 미끄럼을 타고 있었다. 나는 짧은 머리에, 긴 바지와 점퍼를 입고 있었다.

나는 엄마에게 물었다.

"엄마, 나도 쟤처럼 머리 묶고, 치마 입고, 스타킹 신고 싶어."

"너는 상남자야. 그런 여자친구를 사귀면 돼."

엄마는 웃으면서 말했다. 엄마는 나의 진지한 말을 가볍게 취급했다.

내 얼굴은 각이 뚜렷하다. 그게 남성미로 보였던지, 상남자라는 말을 많이 들었다. 그 말이 내게는 매우 낯설었다. '나를 예쁜 계집아이로 불러줬으면…' 내 안에는 '너는 예쁜 여아야' 하는 소리가 멈추지 않았다. '아니야, 나는 상남자야. 엄마도 나를 상남자라고 했어.' 엄마의 말이 맞나, 내 안의 또 다른 내가 맞나. 매우 혼란스러웠다. 나는 밖으로는 남자, 안으로는 여자였다. 나는 여아들과 노는 것을 즐겼고, 목소리도 여아를 흉내 냈고, 걷는 자태나 웃는 모습도 여아를 닮았다. 남아들과 노는 것이 부끄러웠고 싫었다. 엄마에게는 비밀로 했다.

초등학교 고학년이 되면서 내게 성 정체성에 문제가 있다는 것을 알았다. 나는 남자라고 생각하지 않았다. 단지 남자의 가면을 썼고, 때가 되면 가면을 벗고 당당한 여자로서 살겠다는 막연한 동경을 가졌다. 어린이들이 가진 '막연한 동경'은 곧 그의 인생 방향이란 것을 들은 적이 있다. 내 몸은 남자이지만 내가 여자로 살아야 하는 것은 선택이 아니라 숙명이다. 나는 지금부터 여자로 살아야지라고 생각한 적이 한 번도 없다. 그냥 여자다. 여자가 여자로 사는 것은 너무 당연하다. 인터넷 검색으로 나는 신체적 성과 심리적 성이 다른, 성전환 수술을 하지 않은 트렌스젠더라는 것을 확인했다. 신체적 성과 심리적 성이 다를 수도 있다는 것이 내게는 큰 안심이었다. 난 정신병자가 아니다. 난 이제부터 당당히 여자로 살아야 한다.

그러나 누구에게도 말할 수 없었다. 엄마는 이혼 후 나 하나에 희망을 걸고 사셨다. 지금도 아침 일찍 출근하고 늦은 밤에 퇴근하신다. 나 공부시키려고 조금이라도 더 일해 더 벌려고 밤낮 가리지 않고 일한다고, 나를 키워주신 외조모가 말씀하셨다. 우리 집은 외조모, 엄마, 나 이렇게 셋이 산다.

외조모는 손자 잘되라고 나를 가르쳤고, 엄마는 워낙 바쁘셔서 주말이나 돼야 얼굴을 보는 정도였다. 일요일에는 집에 계셨는데, 거의 주무셨다. 나는 엄마가 곁에 있어도 엄마가 그리운 아이였으니, 그 또래 아이들이 엄마 치맛자락 붙들고 조잘거리며 엄마와 정서적 유대관계를 뽐내는 행복은 언감생심이었다. 늘 일만 하시는 엄마가 불쌍했다.

내가 상남자인 것을 자랑스러워하는 엄마에게 어떻게 나는 여자라고 말할 수 있겠나.

> **심리 읽기**
>
> 　몸과 심리의 성 정체성이 다른 트렌스젠더가 "나 이제부터 트렌스젠더가 될 거야" 하면서 트렌스젠더가 되는 것은 아니다. 이에 대한 연구에 의하면, 그들은 성 정체성을 인식하기 시작하는 3살 전후부터 자기 몸과 마음의 성이 다르다는 것을 희미하게 안다고 한다. 최초의 성 정체성 혼란이다.
> 　정체성 혼란의 시기인 사춘기, 초등학교 고학년부터는 자신의 성을 공개적으로 드러낼 수 없는 비밀이 심각해지면 정신이 분열되는 증상이 발발하는 경우도 있다. 어떤 경우는 환경의 영향으로 성 정체성 혼란이 오는 경우도 있다. 이들이 심리분석으로 성 정체성 혼란의 원인을 알았다고 해도, 본래의 상태로 되돌아가는 것은 매우 어렵다는 것이 정설이다. 권위 있는 국내 및 세계 신경정신의학과 협회에서는 성 소수자에게 이성애로 돌아가는 치료를 하지 않는다고 선언한 바가 있다.

2. 나는 디즈니 애니메이션 <겨울 왕국>의 안나이고 엘사였다

몸과 마음의 분열에서 생기는 이질감이 얼마나 괴로운 일인지 당해 보지 않고는 모른다. 사람들은 성적 소수자를 격멸한다. 더럽고 재수 없다는 말도 서슴지 않는다. 그들이야말로 더럽고 재수 없고 잔인하다. 그들이 어려서부터 몸과 마음의 분리로 겪는 성 소수자의 고통을 알 리가 없다. 그들은 본인의 성 정체성이 이해받기를 간절히 원한다.

사춘기로 진입하는 초등학교 6학년부터 내 얼굴은 점점 어두워졌다. 엄마는 내가 '사춘기 속앓이'하는 것이라며 신경 쓸 일 없다고 하셨다. 나는 차라리 엄마가 나에게 관심을 가지지 않아서 다행이었다. 나는 다름으로 괴로웠고, 친구들도 나를 놀리곤 했다. 몸은 남자, 마음은 여자로 오가며 내 인격은 분열됐다.

낳아 놓고 엄마의 역할을 다 못 한다며 나에게 늘 미안한 마음을 가진 엄마는 나를 매우 안쓰럽게 보곤 했다. 엄마와 함께 영화관에 가서 월트 디즈니 애니메이션 <겨울 왕국>을 본 것은 나에게 큰 행운이었다. 그날 엄마와 함께 외식하고, 처음으로 백화점 브랜드 의류 판매장에서 옷도 샀다. 엄마가 추천해 준 남아들에게나 잘 어울릴 옷에 나는 일도 호감이 안 갔다. 나에게 늘 미안한 마음을 가진 엄마는 내 비위를 맞춘다고 내가 선택한 여아들이나 입을만한 옷을 사줬다.

　나를 이상하게 바라본 엄마의 시선, 여아 옷을 입은 나를 보고 그래도 잘 어울린다고 아부하는 백화점 판매원의 야릇한 시선. 이 두 시선은 나를 여자로 인정해 주는 시선이 아니었다. 옷을 사고 나가자, 엄마 얼굴에 드리워진 그림자, 그리고 판매원의 밝은 표정을 나는 기억한다. 나는 왜 당연한 것을 당연한 것으로 인정받지 못하는 걸까? 소외감이 밀려왔다.

　'아무래도 나는 일반적이지 않다. 나 외롭다.' 나는 〈겨울 왕국〉의 안나와 엘사에게 꽂혔다. 그들의 긴 머리와 긴 치마, 옴폭 들어간 허리와 볼록 나온 가슴, 왕방울 눈은 나의 자화상이 됐다. 나는 좁고 어두운 반지하 방, 홀로 있는 긴 시간에 영화 주제곡 'Let It Go'를 되풀이해서 부르며 나를 위로했다.

　신기한 일이 벌어졌다. 내가 집중해서 'Let It Go'를 부르면 내 앞에 안나와 엘사가 영화에서 본 그 화사한 드레스를 입고 잘 빠진 몸매를 뽐내며, 내 노래에 맞춰 춤을 춘다. 아주 가끔은 크리스토프 왕자도 나타났다. 우리 넷은 자주 만나 이야기를 나눴다. 말보다 더 깊은 공감의 언어로 하는 대화였다. 나는 그 비밀의 모임에서 안나이기도 했고, 엘사이기도 했다. 크리스토프 왕자는 내 연인이었다. 할머니는 내가 친구라도 데려왔나 하여 내 방문을 빠끔 열어봤다. 아무도 없는 것을 확인하고 이상한 눈으로 나를 바라보고는 문을 닫았다.

안나와 엘사, 그리고 크리스토프는 내가 다니던 학교까지 따라왔다. 내가 엄마로부터 물려받은 가장 큰 자원은 목소리와 절대음감이다. 나는 웬만한 노래는 한두 번만 들어도 따라 부른다. 나는 쉬는 시간마다 교실에서 안무까지 곁들인 여자 목소리로 'Let It Go'를 신나게 불렀다. 반 친구들은 배꼽을 잡았다. 그리고 연극 하듯 나의 세 친구와 대화했다. 아이들은 나의 독백을 모노드라마 보듯 진지하게 들었다. '사이코 아니야' 하고 비아냥거리는 남자아이들도 있었지만, 그래도 그 시간은 집중과 격려를 받았다.

엄마가 나에게 준 가장 큰 저주는 나를 세상에 태어나게 한 것이다. 그것은 전적으로 엄마 책임만은 아니었다. 나는 얼굴도 성도 이름도 모르는, 어딘가 살아서 다른 여자와 다른 아이들을 낳고 살고 있을 그놈을 저주했다. "나쁜 놈, 씨를 뿌렸으면 책임을 져야지." 그래 봐야 그 저주는 내게 돌아온다. "너는 버림받은 거야." 사춘기의 격랑이 시작될 그 무렵 아렌델 나라에 겨울 왕국 이야기가 없었다면, 나는 어떻게 됐을까. 외롭고 무기력할 때에 안나와 엘사를 부르면 기분이 급상승했다. 안나와 엘사는 내가 부르면 언제든지 내 앞에 나타난다.

> 심리 읽기

  정신분열(조현병)은 세상이 나를 외면해, 내가 세상에서 사랑받지 못한다고 깊은 좌절에 빠질 때 상상의 나라로 피하는 마음의 병이다. 그의 상상 안에서 겨울 왕국 이야기는 사실이었다. 그는 상상의 나라에서 팬들의 사랑을 받는 안나가 됐고 엘사가 됐고, 크리스토프 왕자의 사랑도 받았다. 이들과 대화하니 혼잣말로 중얼거린다. 정신이 병적으로 분열되기 시작한 것이다. 오랜 세월 자신도 무엇인지 모를 성 정체성을 꼭꼭 숨기고 살아온 것들이 병적 증상으로 나타난 것이다. 그러나 그 병은 그에게 위안을 준다. 모든 정신병은 그래도 죽지 않고 살려는 희망이다.

3. 정신병은 살려는 희망이다

마침내 담임선생님은 엄마를 불러, 내가 정신과 진료를 받아야 하는 이유를 정중히 설명했다. 엄마는 무엇인가를 눈치챘는지 담임선생님에게 감사하다며, 아들을 잘못 키워 면목이 없다는 말만 하셨다.

중학교 1학년 때에 나는 조현병 진단을 받았다. 정신과 의사는 그 병은 성인이 되어서 받는 진단이라고 하면서도, 나에게 조현병 약을 처방해 준 것으로 알고 있다. 하루 두 번 먹는 약 처방을 받았다. 의사는 엄마에게 이런 말을 했다. "조현병은 평생 약으로 관리해야 하고, 사회생활도 어려울 겁니다. 좀 좋아지다가도 병증은 재발하니 안심하면 안 됩니다. 평생 곁에 두고 돌본다고 생각해야 오히려 편합니다."

나는 의사의 말에 동의할 수 없다. 겨울 왕국의 주인공들이 환시와 환청으로 종종 나오고, 내가 거기에 빠졌을 때는 환상과 실제의 구분이 안 되는 것은 맞다. 그런 증상은 너무 외로워서, 외로움에서 도피하는 수단이다. 그것 때문에 내가 아직 살아있다면 그것을 정신병이라고 할 수 있는가. 누군가 내 외로움에 벗이 되어 준다면 나는 나만의 겨울 왕국을 만들 필요가 없다. 조현병 증상을 소거하는 약물 말고, 그 병을 일으킨 외롭지 않게 하는 약이 있다면 얼마나 좋을까!

엄마는 내 병을 이해하기 위하여 교회에서 개최하는 '정신건강과 신앙'이라는 강좌를 신청해 들었다. 그때 강사 P의 강의가 꼭 우리 모자를 두고 하는 말 같았다며, 나를 P의 심리 클리닉으로 안내했다. 내면의 동굴에 갇혀 사는 내가 밝은 곳으로 나와 새로운 사람을 만나는 일은 매우 두렵다. 나의 두려움을 알아차린 안나와 엘사는 P의 상담실까지 나와 동행해 줬다.

P도 다른 어른들처럼 나를 가르치려 들것이다. 이 낯선 상황을 회피하는 나의 익숙한 방법은 안나와 엘사를 불러내는 것이다. 거기까지 따라온 그녀들은 바로 내 앞에서 춤을 추고 있었다. 내 몸과 입은 가만히 있어도, 내 혼은 이미 그들과 춤을 추고 노래하며 대화하고 있었다. 그런데 P는 조현병 증상이라던 내 이야기를 마치 사실인 것처럼 듣더니, 우리들 이야기에 끼어들었다.

"너는 엘사보다 안나를 더 좋아하는구나. 엘사가 섭섭해하겠다."

"아니에요. 엘사는 바빠요."

"그래도 한번 엘사에게 물어보지. 내가 안나와 더 잘 지내는 것을 너는 어떻게 생각하는지."

나는 엘사에게 물었고, 엘사가 한 말을 그대로 P에게 전했다.

"엘사는 내 사랑을 의심하지 않는데요. 엘사는 나를 위해 좋은 일을 꾸미고 있어 바쁠 뿐이래요."

"그렇구나. 너는 안나와 엘사, 좋은 친구를 두 명이나 가지고 있구나."

"아니에요. 우리들 이야기가 싫증이 날 때는 크리스토프 왕자가 그림

책을 들고 끼어들어요. 그럼 다시 신나는걸요."

　P는 내 환상 속에 들어와 내 이야기에 관심 가진 최초의 사람이었다. 처음으로 내 존재가 있는 그대로 인정받는 경험을 했다. 나는 더 많은 말을 했다. P는 외면당한 내 이야기를 긍정도 부정하지 않으면서 있는 그대로 흡수하는 스펀지였다. 나의 겨울 왕국 이야기를 사실로 인정해 주는 것은 아니었다. 내가 거기서 어떤 경험을 했고, 어떤 느낌을 받았는지만 확인만 해 줬다. 마치 발전소 수문이 열리듯 나는 그동안 모아 놨던 말들을 쏟아놓았다. 내 억압된 감정의 주머니가 풀렸다. 나는 울었다 웃었다, 어떤 때는 통곡을 하고 괴성을 지르기도 했다.

　할머니는 나를 위하여 가르쳤고, 엄마는 늘 지쳐 계셨고 우울해 보였다. 반 친구들은 나를 사이코 취급했다. 선생님은 나에게 관심을 가지는 척했지만 귀찮아하는 것도 같았다. 그래도 말썽은 피우지 않는다며 나를 동정하는 선생님도 계셨다. P는 나에게 자상한 엄마였고, 적당한 한계도 지어주는 아버지였고, 나의 잘못된 정보를 수정해 주는 선생님이기도 했다. 또 어떤 때는 나와 함께 놀아주는 친구이기도 했다. 가끔 일식당에 데려가 내가 좋아하는 초밥과 돈가스를 사주기도 했다. 그러나 나의 성적 지향에 대해서는 말하지 않았다. 만일 P도 대부분 어른처럼 나의 성 정체성을 잘못됐다고 가르친다면, 나는 P를 버렸을 거다. 그것은 내가 겨우 잡은 지푸라기 하나를 놓치는 것이다. 그래서 P에게 나의 성 정체성만은 말할 수 없었다.

P가 말했다. "환상이 실제로 느껴지는 증상은 그래도 삶에 희망이 있기 때문이야. 봐, 그 순간만 넘기면 본래의 너로 돌아오잖아." P는 회복 불능으로 판정내려 준 내 정신병을 살리는 희망으로 해석해 줬다. 이 말의 사실 여부를 떠나, 내게 큰 힘이 됐다. 지금은 내가 아닌 남자로 살고 있지만 언젠가는 여자로 다시 태어날 수 있다는 소망을 가졌다.

심리 읽기

영화의 아름다운 자매인 엘사와 안나를 자신과 동일시하고, 크리스토프 왕자를 그리워하는 것으로 그는 자신의 성 정체성을 위로했다. 어떤 때는 마치 자신이 안나와 엘사가 된 것처럼 기분이 상승하기도 했다. 그러나 현실로 돌아오면 변한 것은 없다. 그래서 다시 분열된 정신으로 돌아갔으나, 그는 치료사를 만나 돌아갈 공간을 찾았다. 그 공간 안에는 치료사의 이해와 공감이 있었다. 치료사는 그가 상상에서 만들어낸 심리적 실재들을 경청함으로써 그를 상상의 세계에서 조금씩 나오게 했다. 아주 조금씩, 그가 실망하여 다시 상상의 세계로 돌아가지 않도록.

4. 너의 외로운 비밀이 환청과 환시가 됐구나

나는 여성을 보고 성적 환상으로 성기가 발기된 적이 없다. 그 흔한 몽정 한 번도 없었다. 반대로 멋있는 남자를 보면 성기가 발기되곤 하는데, 그건 또래 남자들이 말하는 성적 충동과는 거리가 먼 것이다. 남자 화장실을 갈 때마다 내 안에서 환청이 들린다. "계집아이가 소변기에서 서서 오줌을 누다니." 변기에 서서 소변을 보는 옆 친구의 성기를 보고는 깜짝 놀랐다. 나의 성기는 사춘기 남아의 정상적 성기가 아니었다. 덜 발달한 유아의 성기였다. 마치 거세된 것 같다. 여자의 클리토리스로 변형하기 쉬운 모양을 갖추었다. 정말 다행이다. 이후 나는 소변기를 사용하지 않고, 꼭 대변기를 사용해 소변을 봤다. 여성으로서 내 정체성을 찾으려는 첫 번째 시도였다.

이 비밀스러운 이야기를 누구에게 해야 하나. 혼자 비밀로 두기에는 너무 힘들다. 엄마는 내가 아직 성 정체성이 덜 확립됐다며 차마 직면할 수 없는 고통스러운 상황을 피했다. 나는 여성으로서 성 정체성이 확립되고 있었다. 상남자가 아닌 상여자를 꿈꾸고 있었다. 나는 나에게 물었다. "여자인 내가 여자라고 하는 것이 무엇이 문제인가?" 내가 나에게 대답했다. "여자를 여자로 봐주지 않는 세상이 문제다."

나는 큰 결심을 하고 이 비밀을 P에게 털어놓았다. 털어놓는 내내 P의 표정을 살폈다. P는 내 이야기를 진지하게 경청했다. 내 이야기에 부정도 긍정도, 거절도 수용도 하지 않았다. 그 힘든 이야기를 하는 내 감정선을 따라가며 말을 이어줬다. 내 슬픈 이야기를 듣던 P의 깊고 진심 어린 표정을 나는 잊을 수가 없다. 그래서 P를 더 믿었다.

그 당시 내 차림새는 서서히 여성이 되고 있었다. 고생하는 나와 엄마를 걱정하는 교회 어른들은 나를 위하는 말이라며 옳은 말을 참 많이 해주셨다. 그러나 그 말은 어른이 자기 경험으로 아이를 교육하는 것이지, 아이의 경험으로 들어가 대화하는 것은 아니다. 자기들도 그렇게 살았다면 지금처럼 삶에 불만이 많은 그런 표정들이 아니었을 것이다. P는 달랐다. 나의 여성성을 인정해 주는 것 같지는 않았지만, 대부분 어른처럼 부정하지도 않았다. 그랬기에 믿음이 갔다.

마치 신부 앞에서 고해성사하듯 나의 성 정체성을 다 고백하고 나자, 내 가슴을 휘젓고 다니던 오래된 무거운 돌덩이 하나가 빠져나갔다. 나는 숨을 크게 몰아쉬었다. 10대 소년의 얼굴을 짓누른 시꺼먼 그림자 하나가 빠져나갔다. P는 나를 물끄러미 바라보더니만, 고개를 살짝 아래로 떨구었다. P의 눈가에 눈물이 고인 것을 나는 봤다. 고개를 들어 올린 P는 이제야 모든 것을 이해하게 됐다는 표정과 함께 잔잔한 미소를 지었다. 그리고 말했다. "그동안 얼마나 마음고생이 많았니. 어린 네가."

이 말만 했다. P는 나를 여자로 인정해 준 것은 아니지만, 나는 여자로 인정해 주는 말로 들었다. 내 성 정체성이 인정받은 것 같았다. P가 말했다. "그 무거운 비밀이 너를 얼마나 외롭게 했을까…." 나는 계집아이처럼 눈물을 훔쳤다. P가 말했다. "그 외로움이 겨울 왕국을 만들었고, 안나가 됐고 엘사가 됐고 크리스토프를 사랑했구나."

P는 나의 환시와 환청의 원인을 설명해 줬다. 확실히 환청과 환시는 외롭고 버림받았다고 느낄 때 더 생생했다. 이후 나는 P를 만날 때마다 당당한 여성으로 말하고 행동했다. 여자 옷을 입고, 기초화장을 하고, 립스틱을 바르고, 속눈썹도 그렸다. 한동안 P는 나의 이런 태도에 중립을 지켰다. 나는 그게 더 좋았다. 남자를 너 남자라고 봐주거나, 여자를 너 여자라고 봐주는 것은 더 이상한 일이다.

나는 P 앞에서 휴대전화로 MR을 틀고 현란한 안무에 구성진 목소리로 'Let It Go'를 힘차게 부르곤 했다. 나는 안나가 됐고 엘사가 됐고, 크리스토프 왕자를 사랑했다. 그러나 그들과 대화한다고 혼자 중얼거리는 일은 없었다. 이후 놀라운 일이 내게 일어났다. 특별한 외로움에 휩싸일 때를 빼고는 환시와 환청이 거의 없어졌다. 나는 먹는 둥 마는 둥 하는 약을 끊었다. 엄마는 나의 변화에 기뻐하셨다. 그러나 정신과 의사의 말을 염두에 두셨을 것이다. "병증이 없어졌다고 안심하지 마세요. 평생 곁에 두고 관리한다고 생각해야 편할 겁니다."

> 심리 읽기

　조현병 증상인 환청과 환시는 말해야 하나 말할 수 없는 억압된 감정과 사고가 만들어낸다. 그래도 우리는 어린 시절을 보내면서 감정 발산을 한다. 그래서 그것들은 환청과 환시로 우리를 괴롭히지 않는다. 가끔 삶이 힘들 때는 그런 일도 생기지만, 그것은 문젯거리가 되지 않고 오히려 외로운 삶을 위로한다. 소년은 자신의 성 정체성을 커밍아웃하면서 성 정체성으로 억압된 것들을 풀어냈다.
　이 소년처럼 아버지의 부재, 엄마의 정서적 부재는 억압된 것들이 돌덩이가 된다. 그 돌이 소년의 환상 안에서 겨울 왕국을 만들었다. 그것을 마음껏 풀어놨으니, 묵은 돌덩이들이 실리콘 정도로 부드러워졌을 것이다. 더는 환청과 환시가 그를 괴롭히지 않았다. 그러나 삶이 힘들면 다시 익숙한 돌덩이로 돌아갈 위험은 있다.

5. 여자가 어떻게 남자인 척을 할 수 있는가

　엄마는 내게 조현병 증상이 없어진 것을 보고 곧 성 정체성도 변할 것이라고 나를 격려했다. 격려라니, 여자가 남자 되라는 게 격려인가. 그것은 격려가 아니라 모멸이었다. 엄마가 이 분야에 연구를 좀 했으면 좋겠다. 미국 대법원은 동성애 결혼의 법적 지위를 인정했다. 그들은 꼴통이 아니다. 유럽 대부분의 나라에서 성 소수자는 이상한 사람이 아니다. 'coming out'이라니. 여자가 "나는 여자다"하는 것은 당연하다. "여자인 내가 남자를 이성으로 좋아하는 것이 무엇이 문제인가?" 엄마에게 소리 질렀다. "엄마, 엄마는 여자지. 누가 엄마에게 남자가 되라면 어떻겠어. 그놈은 미친놈이지. 가능하지도 않고. 엄마는 나에게 그러고 있는 거야."
　엄마는 사태의 심각성을 아셨다. 엄마는 수심이 가득한 표정으로 엄마 방으로 들어갔다. P와 통화를 하는 것 같았다. 나는 엄마 방문에 귀를 대고 귀에 쥐가 날 정도로 신경을 곤두세워 통화 내용을 엿들었다. 내 관심은 온통 P가 나를 어떻게 보느냐를 추추해 내는 것이다. "저도 성 소수자가 있다는 것을 알아요. 제 동료 중에도 성 소수자가 있고요. 그런데 제 자식이 그럴 줄은 상상이나 했겠어요. 집 안에 남자가 없어서 남자로서 배울 것을 배우지 못해서 그런가 봅니다."

엄마는 흐느끼고 있었다. "그게요, 타고날 수도 있다는 것을 저도 알아요. 그런데 막상 제게 이런 일이 벌어지니, 믿을 수가 없어요. 선생님 방법이 없을까요."

P는 나에게는 여성성이 많다는 것을 인정해 줬고, 그것은 나이를 더 먹으면 변할 수도 있다고 했다. P도 내심 내가 남성으로 돌아와 주기를 바라는 눈치였으나, 강요하지는 않았다. P는 그 밖에 외면당한 내 이야기에 맞장구를 쳐줬다. 나의 자존감은 올라갔고, 학교생활이 두렵지 않게 됐다.

중학교 3학년이 되자 나는 남자들 틈에도, 여자들 틈에도 낄 수 없었다. 새도 동물도 아닌 박쥐가 된 것이다. 나는 외톨이가 됐다. 울적하고 무기력했다. 학교 상담실을 찾아가면, 상담 선생님은 내 이야기를 잘 들어줬다. 상담 선생님은 나의 여성성을 인정해 주는 것 같았는데, '그래도 너는 남자야'라고 선을 그어 주셨다. 상담 선생님도 학교에서 일을 계속해야 하니 그럴 수밖에 없었을 것이다. 그 후로 나는 학교 상담실엔 안 간다.

엄마는 동성애자를 치유하는 전문 목사라는 분에게 나를 억지로 데려갔다. 그 목사님은 내 머리에 손을 대고 안수기도하셨다. 기도 내용을 분석해 보면 나는 방황하는 어린양이고, 하나님의 뜻을 모르는 죄인이고, 지금은 사탄의 굴레에 있다는 것이다. 나는 안수 기도를 받는 중에 눈을 뜨고 소리를 질렀다. "목사님이 내 마음을 알기나 한단 말인가요." 그러자 목사님의 큰 손은 내 정수리에 더 큰 힘을 가했다. 그리고 '사탄아, 물러가라'를 연신 내뿜으셨다. 침을 튀기고 입에 거품이 났는지 냄새가 역겨웠다.

P는 너처럼 착해서 어떻게 험한 세상을 살아갈 수 있겠느냐고, 너의 악함은 보통 사람의 자기 권리 정도니 좀 악해지라고 했다. 정말이지 나는 욕심이 없었고, 하다못해 친구의 마음을 조금이라도 섭섭하게 하면 다음 날 사과했다. 단지 성 정체성이 다르다는 것만으로 나는 길을 잃은 어린양이고, 죄인이란 말인가. 나는 악해지기로 하고 의자에서 벌떡 일어났다. 엄마와 목사님을 향해 외쳤다. "저처럼 중학생 마음 하나 이해 못 하는 당신들이 죄인이고 사탄이에요."

나는 가정, 학교, 그리고 종교적으로도 소외됐다. 더 외톨이가 됐다. 집에 가면 내방에 문을 걸어 잠그고 혼자 있는 것을 즐겼다. 겨울 왕국이 그리웠고, 가끔은 내 의지를 거슬러 그들이 나타나 나에게 말을 걸어줬다. 늦잠을 자다 보니 지각과 결석일 수가 늘어났다. 외로운 나의 사정을 털어놓던 중 P와 나눈 대화이다.

"그러니까 남자처럼 남자 친구와 사귀고, 여성성은 마음으로만 간직하면 어떨까? 지금은…. 어디에도 속하지 못하니 학교가 싫잖아."

"선생님, 선생님은 남자죠. 그런데 선생님이 여자인 것처럼 여자를 사귈 수 있나요. 감정이 있는데요. 저도 그렇단 말입니다. 여자인 내가 어떻게 남자인 것처럼 남자를 사귈 수 있겠어요."

"음, 그렇지."

"선생님, 성 소수자는 나 이제부터 여성 혹은 남성이 되겠다, 해서 되는 것이 아니에요. 나는 태어날 때부터 지금까지 계속 여성이었어요. 인터넷 검색을 해보니 저는 타고난 트렌스젠더예요. 제 꿈은 성전환 수술이에요. 그때는 제 인생이 새로워질 겁니다."

"……"

"하긴 선생님의 아들이 저와 같아도, 선생님은 같은 말씀 하셨겠죠."

P는 내 말을 진지하게 들었다. 내심 내가 남성으로 돌아왔으면 하는 눈치였으나, 그것을 밖으로 드러내지는 않았다. 시간이 흐를수록 P는 나를 보통 평범한 여성으로 대하는 것 같았다. 여성을 여성으로 대하는 것은 너무 당연하다. 그래서 나는 P를 신뢰한다. 그날 P는 내가 좋아하는 초밥 세트를 사주었다. 그리고 지하철 입구까지 함께 가주었다. 나는 P가 아버지였다면, 하는 생각을 했다.

> 심리 읽기

사회적 통념을 따르기는 쉬워도, 그 통념을 떠난 자기만의 의지를 구현하는 일을 힘들다. 아동은 어린 시절부터 주입된 집단윤리에 반하는 생각과 행동을 위험한 일로 본다. 그러다 청소년이 되면 억압된 그것들을 발산하고 싶어진다. 그들은 자기 행동에는 동의하지 않아도, 그런 행동을 유발한 심리는 이해받기를 원한다. 소년은 나만이 유일하게 자신을 이해한다고 생각했다. 그런 나를 잃는다면, 아버지를 다시 잃는 것이나 다름없을 것이다. 그래서 나의 반응에 민감했다.

한편 중세에 종교인들은 소년과 같은 조현병 증상을 마귀 들림으로 봤다. 지금도 심리학 이해가 없는 종교인은 정신분열 증상이나 성적 소수자를 마귀 들림으로 취급해 버리곤 한다. 그러면 문제는 간단해진다. 마귀를 쫓아내는 축귀 기도를 하면 된다. 얼마나 위험한 발상인지?

6. 나는 당당히 홀로 살아야 한다

중학교까지 나를 위로해 주던 곳은 교회였다. 나는 모태 신앙인이다. 교회는 엄마의 한을 풀어주던 곳이었다. 엄마는 바쁜 일에 치여 교회와 점점 멀어졌으나, 마음으로는 하나님을 찾았다. 나는 플롯과 오카리나를 수준급으로 연주한다. 내가 하나님으로부터 받은 유일한 것은 목소리와 음감이다. 교회 저녁 예배에 사오십 명의 어르신들이 나오신다. 나는 이 시간에 거의 단골로 플롯 또는 오카리나로 찬송가나 복음 성가를 연주했다. 어떤 때는 특송을 하기도 했다. 그래도 내 존재가 인정받는 평화로운 시간이다.

어르신들은 예배 후 나를 많이 칭찬해 줬다. 변변한 교습도 없이 어쩌면 그렇게 연주를 잘하냐고 격려해 주셨다. 미성의 목소리는 하나님이 주셨으니, 하나님을 위해서 귀히 쓰임을 받아야 한다고 엄히 훈계하기도 하셨다. 참 착하고 믿음이 좋은 학생이라며 머리를 쓰다듬어 주시기도 했다. 어떤 분은 엄마가 너 하나 보고 사니, 너는 엄마의 은혜를 잊으면 안 된다고 했다. 지금은 엄마보다는 내가 더 힘든 삶을 살고 있다는 것을 그분들은 모른다.

내 성 정체성이 더욱 확고해지자 나는 기초화장을 하고 거의 여성 복장으로 교회 저녁 예배 연주를 했다. 내 음성은 남성스러운 여성 목소리로 변했다. 목사님을 비롯해 어르신들은 나를 이상히 보기 시작했다. 노골적으로 "너는 남자야. 남자답게 해야 해"라는 분도 계셨다. '너는 남자야'라는 말을 나는 저주한다. 나도 말했다. "아줌마는 아저씨예요. 좀 아저씨처럼 하고 다니세요." 아줌마는 어이없다는 듯이 웃었다. "제가 바로 그 기분인걸요."

나는 교회가 싫어졌다. 때를 맞추어 교회에서는 나를 저녁 예배 연주자로 부르지 않았다. 교인들의 웅성거림이 더해졌던 것이다. 내 성장기 많은 시간 나를 위로해 줬던 교회를 나는 떠났다. 아니, 교회가 나를 버렸다고 해도 틀리지 않았다. 내게는 큰 상처였다. '내 미성은 하나님이 주셨다면, 내 여성성은 사탄이 준 거란 말인가.' 나를 격려해 주던 분들로부터 배신당한 것이다. 나는 P를 찾아가 오열했다.

"저는 하나님을 증오해요. 왜 여자인 저에게 남자 성기를 줬나요. 남자로 살라고요? 여자에게 남자로 살라는 것이 가능한가요. 제 성기를 자르고 싶어요. 말없이 있으면 다 하나님인가요. 저는 성기를 자를 거예요. 성전환 수술할 거예요."

어디에도 나의 안식처는 없다. P에게는 감사하지만, P와 나는 계약 관계일 뿐이다. '나는 당당히 홀로 여자로서 살아야 한다.' 나는 결의를 다졌다. '어떤 어려움이 와도 나로 살겠다.'

> 심리 읽기

초대교회 신학자 어거스틴은 이런 말을 했다. "교회는 엄마다." 교회는 남성성보다 여성성이 많은 곳이다. 상실된 모성, 부족한 모성을 보상받기에 교회는 좋은 곳이다. 한편 교회는 성서와 교리, 그리고 그것을 해석하는 엄격한 아버지도 공존한다. 아무리 신앙이 좋은 청소년이라도 이 시기가 다가오면 교회의 부성에 저항한다. 이것은 아버지에게 저항하는 것과 같다. 소년은 교회의 모성과 부성, 모두로부터 거절당했다. 거기다 P에 대한 현실적 인식도 시작됐다. 존재의 기반을 잃은 것과 같다. 이 시기에 청소년은 세상은 어른 도움 없이 혼자 살아야 한다는 인식의 전환을 시작한다. 소년이 그랬다. 하지만 아직은 어른들의 도움이 있어야, 혼자 가는 길을 개척할 수 있다.

7. 몸은 지치고 마음은 서러웠다

    고등학교 3학년부터는 머리를 길렀고, 아예 여학생 교복을 구해서 입고 다녔다. 나는 학교 화장실만 빼고는, 여성 화장실을 사용했다. 나는 생리통도 한다. 한 달에 한 번 정기적으로 아랫배가 아프고 항문에서 분비물도 나오는 것 같다. 아마 자궁이 있을 거로 생각했다. 중학교 2학년부터 시작한 일이다. 그 당시 여학생이 생리통 운운하는 말을 들어서인지는 모르지만, 그것은 사실이다. 신념이 몸의 변화도 만들어낸다는 것은 정말 신기한 일이다.

    나의 갑작스러운 변화에 엄마는 성과 관련된 종합검진을 받게 해줬다. 검진 결과는 나에게 자궁이 있지는 않지만, 여성 호르몬은 또래 남자보다 비교할 수 없을 정도로 많이 나온다고 했다. 나는 더 당당해졌다. 피임약을 먹어 여성 호르몬을 더 나오게 하여 가슴을 부풀렸다. 어찌할 수 없는 나의 행동에, 선생님들은 나의 성 정체성을 대체로 인정해 주는 분위기였다. 엄마에게는 준비된 충격이 왔다.

    그러던 어느 날, 엄마의 일이 잘못되어 큰 경제적 손실을 입었다. 설상가상으로 할머니는 당뇨로 인한 여러 합병증으로 요양병원에 가셨다. 이는 큰 불행이나, 나는 이런 것에 실망하지 않는다. 나는 외적 조건으로 세상을 원망하거나 증오하지 않는다. 그것 때문에 열등감을 가진 적은 없다. 가진 자에 대한 분노도 없다. 나는 여성으로 인정받는 것 외에는 바라는 것이 없다. P의 말이 떠올랐다. "성 소수자가 대체로 착해. 그러나 너는 덜 착했으면 좋겠어."

나는 당당히 여성 교복을 입고 고교 졸업 사진을 찍었다. 나를 여자로 좋아해 주는 남학생을 만나기도 했다. 트렌스젠더 언니를 만나 서로 격려하기도 했다. 성전환 수술을 받으려면 많은 돈이 필요하다. 나는 그 돈을 벌어야 한다. 나는 취업이 잘 된다는 실업고를 졸업했다. 반 친구들은 거의 전공 분야에 취업했다. 나는 면접에서 항상 떨어졌다. 주민등록번호로는 남자인데, 여장하고 나타난 나를 뽑아주지 않았다.

모 기업 고객상담실 전화 상담원으로 겨우 취업했었다. 일은 보통 정도는 해냈다. 그러나 혐오감을 준다는 이유로 상사와 동료들은 나를 멀리했다. 점심밥은 늘 혼자다. 나는 견디기 힘들어 퇴사했다. 내가 할 수 있는 일을 하려고 바리스타, 제빵 기술 등을 배웠으나 취업은 힘들었다. 나는 사회 부적응아로 퇴행하고 있었다.

그때그때 필요한 돈을 벌려고 식당 서빙 아르바이트를 했다. 손님들은 남자의 골격을 가졌고 얼굴각이 유난히 큰 여자인 나를 이상한 눈빛으로 봤다. 며칠 지나서 식당 주인은 본래 약속한 시급보다 더 없어서 주고 나를 내보냈다. 돈 벌어 성전환 수술하겠다는 일념만 있었기에, 이런 수모를 당하고도 서럽고 억울한 줄 몰랐다. 사회적 약자를 배려하는 정책의 일환으로, 주로 어르신들이 하는 신용카드를 배송하는 일도 했다. 한여름에 워낙 땀이 많은 나는 그 일은 견딜 수 없었다. 몸이 둔하고 늦어 배송 건수도 적어 돈도 안 됐다. 몸은 지치고 마음은 서러웠다.

> **심리 읽기**

집단의 규범 또는 초자아가 엄하면, 그곳에 적응하는 사람은 유능자. 그렇지 않으면 부적응자가 된다. 그들에게 사회적 소외감은 가중된다. 가정, 학교, 교회, 어디에서도 존재를 인정받지 못했던 소년은 성인이 되자 가혹한 사회적 냉대에 직면해야 했다.

아, 어디에 돌파구가 있단 말인가? 누가 이들의 처절한 심정을 이해할까? 자기 성적 지향을 자연스럽게 선언하는 것이 이상하지 않고, 그들을 보는 시선도 당연히 여기는 유럽의 나라들. 심리학적으로, 정신의학적으로, 상담 사례로, 성 소수자에 대한 연구 결과들은 다양하게 많이 나왔다.

8. 나를 위해서 눈물을 흘리는 사람은 있었다

삶은 정말 힘들다. 나 같은 트렌스젠더로 세상을 사느니 차라리 죽는 편이 낫다는 생각을 하루도 빠지지 않고 했다. 나에게 유일한 희망은 성전환 수술을 하는 것이다. 악착같이 돈을 벌어야 한다. 나처럼 사회적 약자, 아니 외면당한 사람에게 돈 버는 일은 정말 힘들다.

한동안 안 보이던 안나, 엘사, 크리스토프 왕자가 다시 보이기 시작했다. 나는 그들과 이야기하면서 내 병든 마음을 달랬다. 등장인물은 더 늘어났다. 바이올린을 잘 켜는 희진, 부잣집 딸로 아주 쾌활한 미희, 일찍 사업에 성공해 많은 직원을 거느린 지승, 그리고 차분하고 우울한 수희는 내 분신이었다. 여기에 가끔 뛰쳐나와 전체 분위기를 바꿔주는 남자 운동선수 도영도 있었다.

나는 노래 부르고 싶으면 희진이 되고, 명랑해지려면 미희가 되고, 세상을 향해 텅텅거리고 싶으면 지승이 된다. 그리고 이 모든 것들이 부질없어지면 다시 나인 수희로 돌아온다. 그러다가 혜성과 같이 도영이 나타나 전체 분위기를 반전시킨다. 이것을 다중인격장애라고 한다. 다중인격장애는 다양한 인격으로 넘어갈 때 본래의 자기를 망각한다. 인터넷을 검색하여 내 병증을 찾아냈다. 다중 인격 간에 최소한의 연계가 있는 나는 중증 다중인격장애자라고 진단을 받을 정도는 아니었다. 하지만 간헐적 그런 증상은 괴로운 현실에서 상상의 세계로 나를 끌어내 나를 위로했다. 일을 마치고 집으로 돌아오면 나는 수희가 된다. 반지하 어두운 방은 나의 캄캄한 절망의 동굴이다. 그래도 그곳은 나를 반긴다. 그곳에는 안나도 엘사도 크리스토프도 있다.

한 2년 만에 P를 다시 만났다. P는 내 이야기를 들어보더니 몇 가지 테스트했다.

"조금 전에 노래 부른 것 기억하니?"

"노래라뇨, 저는 지금 지승이에요. 사업구상으로 바쁘거든요."

한참 후에 P는 또 물었다.

"어떤 사업을 구상했니?"

"사업이라뇨? 전 미희거든요. 지금 여행 가고 있어요."

"여행 중이구나. 어디로?"

"여행이라뇨, 저는 희진이에요. 바이올린 연주를 하고 있거든요."

그리고 나의 대리인인 수희로 돌아왔다. 2년 만에, 나는 P 앞에서 고교 졸업 후에 있었던 억울하고 서러운 일들과 나를 보는 이상한 시선들을 폭로했다. 나는 화를 냈고 웃었고 울었다. 그리고 나니 속이 좀 후련해졌다. 꽉 막힌 배수구가 뚫린 기분이다. P는 나를 늘 가던 일식당으로 데려갔다. 나는 특 초밥을 시켰고, P는 우동 세트를 시켰다. P가 말했다. "내일 무조건 정신과 병원 가야 해. 너의 심리 상태를 사실대로 말해. 약 처방해 줄 거야. 약 잘 먹고, 다음 주에 또 보자."

P의 눈에 눈물이 고인 것을 봤다. 나를 위해서 울어주는 사람이 있다는 것, 내게는 그것만으로도 충분하다. 그날 나는 내 대리인인 수희도 아닌 본래의 나로 돌아왔다. 마트에 들려 몇 가지 식자재를 샀다. 요리는 언제나 즐거운 일이다. 집에 가자마자 나는 'Let It Go'를 힘차게 부르며 2인분의 파스타를 만들었다. 1인분은 나를 위해서, 1인분은 자궁암 수술을 받고도 힘든 일을 놓지 못해 자정이 넘어 들어오시는 엄마를 위해서였다.

침대에 누운 나는 눈을 감았다. 성전환 수술하고 양악수술도 하고 쌍꺼풀 수술도 하고, 주민등록번호 뒷번호도 여성 번호로 바꿔, 내가 전공한 전산 회계 분야에서 일하는 모습을 상상했다. 나는 나를 조롱하는 눈으로 본 사람들을 다 용서할 것이다. 스르르 눈이 감겼다. 나는 잠에서 깨어나지 않기를 기도하며 깊은 잠이 들었다.

꿈을 꿨다. 나는 매우 낯선 어떤 곳에 있었다. 그곳은 성(性)이 없는 곳이다. 누구든 원하는 때에 원하는 성을 가질 수 있는 곳, 그곳에서 하나님은 남성이고 여성이다. 하나님은 나에게 어떤 성을 가질 것이냐 물었다. 나는 어떤 성도 가지지 않고, 나처럼 상처 난 사람들을 위로하는 자가 되고 싶다고 했다. 이번에는 내가 하나님께 물었다. "왜 여자인 나에게 남성의 몸을 주셨나요?" 하나님이 말씀하셨다. "너와 같은 사람의 위로자가 되게 하려고. 그것은 내가 한 것이 아니라 네가 원한 것이다. 시간은 모든 것들을 알게 해준다. 서두르지 말고 네 삶을 믿어라." 저쪽을 보니 누군가가 눈물을 흘리고 있었다. 그 눈물은 슬픔의 눈물이 아니라, 사랑의 눈물이었다. 바로 나였다. 내가 나를 위해서 사랑의 눈물을 흘리고 있었다. 나는 꿈속에서 다짐했다. '살아야지. 내가 나를 위해서 눈물을 흘리고 있잖아. 사랑의 눈물을!'

> 심리 읽기

　소년은 삶이 너무 힘들었다. 차라리 하나님 나라에 가고 싶었다. 거기서는 이 땅의 모순이 풀릴 것이다. 꿈은 소년의 소원을 실현해 주었다. 프로이트는 꿈의 가장 중요한 기능을 소망 충족이라 했다. 즉 현실에서 미해결 과제를 꿈이 충족시켜 주는 것이다. 그러나 이 꿈에는 또 다른 의미가 있다. 사랑의 눈물로 나를 위해 울어주는 나, 바로 이 나는 더 큰 나이며 나의 수호천사이다. 수호천사가 소년에게 말했다. "나는 눈물로 너를 사랑한다."

에필로그

나는 늘 새로운 글쓰기를 모색해 왔다. 심리학에 근거한 교양 심리서에서 영성 심리를 지향해 왔다. 사람의 마음을 심리학에만 국한할 수는 없기 때문이다. 심리학적 문체에 문학적 상상력을 더하려고 했다. 그렇게 하면 독자들은 일상 전반에 퍼진 심리 현상을 좀 더 편하게 읽을 것이다.

20여 년 전에, 나는 신뢰도가 높은 적성 검사에서 소설가가 나왔다. 의외였다. 나는 소설이야말로 순수 문학의 정수라고 생각한다. 그러나 20대 이후부터 소설은 거의 읽지 않았다. 복잡하고 길게 늘어지는 서사를 따라가는 것은 나의 독서 취향이 아니었다. 그래서 그럴까, 내 마음 어딘가에는 소설에 대한 동경은 있었다. 그 적성 검사가 그것을 찍어냈다.

나는 소설 같은 심리서를 한 권 쓰고 싶다는 생각을 평소에 가졌다. 그 책이 밥북에서 직전에 출판한 『솔로몬 나는 지혜를 사랑했지만 쾌락도 좋아했다』였다. 이 책은 특정 종교를 위한 책이 아니다. 굳이

장르를 말하면 종교 심리학을 이야기로 풀어 쓴 글이다. 솔로몬에 대한 전승을 보관하고 있는 성경에서 인용문을 따오다 보니, 특정 종교 서적으로 비춰지기도 했다.

솔로몬을 쓴 이후 나의 호기심과 창조성은 꿈틀거렸다. "성장 소설 같은 심리서를 한 권 써 보자." 자칫 새도 아니고 동물도 아닌 박쥐가 되는 것은 아닌가. 그렇지 않다. 사람의 심리를 이야기로 풀어가는 이야기 심리학도 있다. 심리학 연구방법론 중에는 질적 연구로 "네러티브 연구"도 있다. 이 책은 이야기 심리학과 네러티브 연구를 근거로 하는 교양심리학이다. 나는 다른 어느 책보다도 흥미롭게 글을 쓸 수 있었다. 내 무의식의 미개척 지대가 개발된다면, 소설 같은 심리서가 아닌 심리서 같은 소설도 쓸 수 있지 않을까?

외로우면 춤을 추라

펴낸날 2025년 4월 14일

지은이 박성만
펴낸이 주계수 | **편집책임** 이슬기 | **꾸민이** 이슬기

펴낸곳 밥북 | **출판등록** 제 2014-000085 호
주소 서울시 마포구 양화로 156 LG팰리스빌딩 917호
전화 02-6925-0370 | **팩스** 02-6925-0380
홈페이지 www.bobbook.co.kr | **이메일** bobbook@hanmail.net

© 박성만, 2025.
ISBN 979-11-7223-072-2 (03180)

※ 이 책은 저작권법에 따라 보호받는 저작물이므로 무단전재와 복제를 금합니다.